亓娜◎著

# 生命文化视角下
# 殡葬市场相关问题研究
## ——以北京市为例

SHENGMINGWENHUA SHIJIAO XIA
BINZANG SHICHANG
XIANGGUAN WENTI YANJIU
——YI BEIJINGSHI WEILI

中国社会出版社

国家一级出版社·全国百佳图书出版单位

**图书在版编目（CIP）数据**

生命文化视角下殡葬市场相关问题研究 ：以北京市为例 ／ 亓娜著．-- 北京 ：中国社会出版社，2024．10．
ISBN 978-7-5087-7096-3

Ⅰ．D632.9

中国国家版本馆 CIP 数据核字第 202479W4E8 号

**生命文化视角下殡葬市场相关问题研究**

出 版 人：程　伟
终 审 人：陆　强
责任编辑：卢光花
装帧设计：李　尘
出版发行：中国社会出版社
　　　　　（北京市西城区二龙路甲 33 号　邮编 100032）
印刷装订：北京九州迅驰传媒文化有限公司
版　　次：2024 年 10 月第 1 版
印　　次：2024 年 10 月第 1 次印刷
开　　本：170mm×240mm　1/16
字　　数：210 千字
印　　张：13.25
定　　价：50.00 元

# 前　言

在新时代背景下，随着生态文明建设步伐的加快和绿色理念的深入人心，殡葬行业作为生态与文化相结合的重要领域，其绿色发展理念和实践日益受到全社会的广泛关注。《生命文化视角下殡葬市场相关问题研究——以北京市为例》一书，正是在这样的时代背景下应运而生，旨在深入剖析当前殡葬绿色市场的发展态势、存在问题及应对策略，尤其聚焦于北京市这一国际都市的实际情况，为殡葬行业的绿色转型提供科学的理论支撑和实践指南。

殡葬服务作为生命尊严的重要组成部分，其发展水平不仅直接关系到人民群众的福祉，还与绿色生态发展和生命文化传承密不可分。面对全球环境挑战加剧的形势，如何积极推进绿色殡葬实践，响应生态文明建设的号召，成为摆在当下的重要课题。作为国家政治文化中心的北京市，在推动殡葬绿色转型方面的探索和实践，具有示范意义和引领作用。

本书基于对生态文明和绿色需求的深刻理解，深入考察了北京市殡葬消费现状、绿色转型的必要性及存在的挑战，并有针对性地提出了创新的解决方案；梳理了殡葬业在绿色营销、收费政策等方面的现行政策与实践，深入分析了面临的问题，并提出了改善建议。更为重要的是，本书将生命文化的视角融入绿色市场协同创新的研究中，强调殡葬行业绿色转型是一个涉及技术、管理、文化和观念多层面的综合性变革。

本书由亓娜撰写完成。本书的出版得益于各方的支持与帮助，在北京市教育科学"十四五"规划2022年度青年专项课题："生命文化教育融入高职现代殡葬技术与管理专业课程体系建设及实践研究"（课题批准号：CICA22154）资助下完成。

本书面向殡葬从业人员、政策制定者、学术界同人及关注此领域发

1

展的广大公众。期待通过本书的阅读，能够加深社会各界对殡葬行业绿色转型重要性的认识，激发更多的创新思维和行动，共同为构建生态文明和推进殡葬行业的健康发展贡献力量。

在本书的写作过程中，参阅、借鉴和引用了国内外许多同行的观点和成果。各位同人的研究奠定了本书的学术基础，为殡葬行业政策与实践的展开提供了理论基础，在此一并感谢。另外，受水平和时间所限，书中难免有疏漏和不当之处，敬请读者批评指正。

# 目 录
CONTENTS

# 导 言

# 一、概述

## （一）研究背景和目的

### 1. 研究背景

文化是国家发展的基本推动力，生命文化是殡葬行业发展的内涵，是优秀生命文化的传承，是殡葬服务机构最深层、最持久的成长推动力。生命文化的发展历经了一个漫长的过程，是生命价值塑造的重要影响因素，更是我国文明传承的重要方式，对继承和发扬中华优秀传统文化发挥着重要作用。殡葬市场发展与生命文化的留存密切相连，以优秀传统文化促进生命文化建设，是殡葬服务机构发展的现实需要，是夯实行业基础与持久发展的有效途径。殡葬行业的发展，已从粗放的发展向文化建设转型，而生命文化品牌的建设更是行业发展的重要内容。

目前，随着社会经济增长，人类与生态环境的和谐发展被破坏，人类的生存发展已经受到全球环境恶化的影响。而社会经济的发展离不开"消费"和"市场"，经济活动源于市场，所以绿色市场发展对于生态环境的平衡、人类的生存发展、社会经济的繁荣具有重大意义。工业文明的发展造就了辉煌的物质文明，但同时也造成了畸形的消费观念和灾难性的环境恶果。在生态环境恶化的严峻形势下，人们开始重新审视和深刻反思社会与经济发展的过程，认识到目前的生产方式、生活方式和消费模式破坏了人类可持续发展的可能性。人与生态环境、经济社会和谐发展，是人类社会协调可持续发展的条件，同时也保证了人类文明的延续。因此，生态资源的可持续利用与循环运用是经济发展的前提，绝不能浪费自然资源，破坏生态环境。变革殡葬消费方式、殡葬营销模式和规范殡葬市场价格，推动殡葬行业可持续发展。

在这一背景下，殡葬行业正逐步从粗放式的发展向文化建设转型。殡葬行业不仅是一个服务性行业，更是社会文明进步和人文关怀的重要体现。生命文化不仅是一种理念，更是一种实践，是对人生尊严和价值的深刻理解，是对生命尊严的高度尊重和呵护。在殡葬行业，建设生命文化品牌意味着要注重人文关怀，体现对逝者的尊重与缅怀，提供符合社会价值观念和人们情感需求的殡葬服务。为了有效推动殡葬行业的可持续发展，我们需要从根本上转变消费观念和行为方式。倡导绿色殡葬，提倡生态安葬和低碳祭祀已经成为行业的新趋势。这不仅是一种节约资源、保护环境的理念，更是对生命文化的实践和传承。在倡导绿色消费的大背景下，推动殡葬行业转型升级，积极引导消费者选择绿色、环保、文化内涵丰富的殡葬产品和服务，已经成为行业发展的必然选择。

此外，殡葬服务机构还应当积极探索创新，注重提升服务品质和水平。通过提供个性化、多样化的服务内容，满足不同群体的需求，拓展服务领域，提高服务水平和竞争力，从而实现行业的可持续发展。只有在坚持生态文明建设、倡导绿色消费的大背景下，结合对生命文化的深刻理解，殡葬行业才能迈向更加可持续、健康、文明的发展之路。

作为我国首都，北京不仅是政治、经济、社会和文化的中心，更是国家形象的代表。在全球范围内，各国都在积极倡导安全、低碳发展，努力应对气候变化和环境污染等挑战。在这一背景下，北京市殡葬行业也开始反思以往过度的发展方式。殡葬行业是城市生态环境的重要组成部分，其发展状况直接关系到城市的环境质量和居民的生活品质。因此，推动北京市殡葬行业绿色市场发展具有十分重要的意义，其殡葬行业的发展情况对全国其他地区具有示范和引领作用。通过在北京市开展生命文化视角下殡葬市场相关问题的研究，可以为其他地区提供借鉴和参考，推动全国殡葬行业的绿色、可持续发展。

2. 当前殡葬改革面临的总体形势及其基本判断

随着社会经济的迅速发展、服务型政府建设的持续推进以及政府"放管服"改革的深入，特别是国家对殡葬事业发展的日益重视，民众对殡葬服务的需求不断提升且更加多元化、多样化。如何通过继续深化殡葬改革，创新管理体制机制，优化服务资源配置，提升综合服务质量，建设与全面建成小康社会相适应的现代化殡葬，成为新时代一项重要的历史使命。

（1）机遇

统筹推进经济建设、政治建设、文化建设、社会建设、生态文明建设的"五位一体"总体布局、协调推进"四个全面"战略布局，对深化殡葬改革提出了更高要求，凝聚创新、协调、绿色、开放、共享的新发展理念，为殡葬事业指明了发展思路、发展方式和发展着力点。

①殡葬改革法治进程明显加快

作为民生领域的一项重要内容，近年来，党中央、国务院和各级政府越来越重视殡葬改革。2018 年民政部再次启动《殡葬管理条例》修订工作，同年 9 月向社会公开征求意见。《殡葬管理条例（修订草案征求意见稿）》体现了诸多方面的进步：增加了"维护逝者尊严和公共利益"的立法目的；明确了国家建立殡葬基本公共服务制度，凸显了殡葬事业的公益属性；明确了监管机构及各自的职责，并强调了社会基层组织和社会团体在殡葬改革中的责任。这些都映射出新时代国家在殡葬事业发展中确定的总基调，突出体现了政府部门在殡葬"供给侧"结构性改革等方面的意志和方向。

②殡葬改革综合试点有序进行

2017 年 11 月，北京市民政局、北京市通州区等 80 个地区（单位）成为全国殡葬改革综合试点地区（单位），围绕"健全殡葬工作领导体制和工作机制、强化殡葬公共服务、改革殡葬管理服务方式、加强殡葬监管执法、加快殡葬信息化建设、深化殡葬移风易俗、推进节地生态安葬、治理农村散埋乱葬"等任务有序开展，重在总结殡葬改革的典型经验和先进做法，积极推动创新殡葬改革的方式、方法，全面寻求殡葬改革的创新模式和深化路径，以期形成先行先试、可复制可推广的殡葬管理模式。在认真总结殡葬改革综合试点地区经验教训的基础上，根据民政部等 9 部门《关于印发〈全国殡葬领域突出问题专项整治行动方案〉的通知》（民发

〔2018〕77号）精神，各地结合自身实际，坚持问题导向，认真依法依规组织开展专项整治行动，进一步梳理了群众反映强烈的殡仪服务收费、公墓建设管理、散埋乱葬、因祭扫影响生态环境等突出问题，重点整治公墓、殡葬服务两类13个方面的违法违规行为，有力地推进了殡葬改革的深入。

③殡葬民生保障回归政府职能

在深刻认识"我国社会主要矛盾已经转化为人民日益增长的美好生活需要和不平衡不充分的发展之间的矛盾"的前提下，国家把"满足人民群众要求的美好生活"拓展到"逝有所安"，政府"殡葬民生保障"主导作用的职能更加明确，通过建立基本殡葬公共服务制度，满足民众对殡葬服务提出的新期待、新要求更加迫切。近10年来，殡葬民生保障被提上政府部门的议事日程并不断深化和完善。特别是国务院《关于印发"十三五"推进基本公共服务均等化规划的通知》（国发〔2017〕9号），再次明确加快推进社会事业改革和扩大基本殡葬公共服务有效供给。民政部等16个部门制定的《关于进一步推动殡葬改革促进殡葬事业发展的指导意见》（民发〔2018〕5号），提出了"坚持推进殡葬改革与完善殡葬服务供给相结合，优化殡葬资源配置，完善殡葬服务网络，建立基本殡葬服务制度，确保实现人人享有公益性基本殡葬服务，让人民群众成为殡葬改革的最大受益者"的"公平可及，群众受益"原则，以及建立健全殡葬公共服务体系具体措施，充分体现了以人民为中心的发展思想和以满足群众殡葬需求作为出发点和落脚点的务实精神。2018年9月，民政部《殡葬管理条例（修订草案征求意见稿）》将遗体接运、暂存、火化、骨灰存放和生态安葬纳入基本殡葬公共服务范畴，进一步明确了殡葬公益属性的导向，殡葬民生保障重新回归政府重要职能成为民之所望、施政所向。

（2）挑战

随着经济社会发展进入新常态，新型城镇化建设、社会主义新农村建设和人口老龄化进程加快，新时代经济社会转型发展带来人民群众殡葬服务需求的新变化，殡葬服务需求呈现个性化、多样化形态，殡葬行业面临新挑战。

其一，殡葬文化的传承创新有待进一步加强。殡葬文化是中华优秀传统文化的重要组成部分，蕴含着中华民族尊重生命、追思逝者、慎终追远的思想智慧和人文关怀。在社会转型加速推进、价值观念日趋多元的时代背景下，一方面亟须加强殡葬领域精神文明建设，充分发掘和弘扬中华殡葬文化的思想精髓、人文内涵和时代价值，不断增强人民群众的文化自信和价值认同；另一方面也需高度重视殡葬文化生态培育，加快构建导向正确、内容健康、群众喜闻乐见的殡葬文化体系，更好地满足人民群众日益增长的精神文化生活需求。当前，随着殡葬改革的不断深化，一些地方的殡葬礼俗正面临新的挑战。如何坚持马克思主义在意识形态领域的指导地位，构建具有中国特色、体现时代精神、彰显民族特点的社会主义殡葬文化，引导人们树立文明、节俭、生态的殡葬观念，是今后一个时期殡葬改革发展必须高度重视并认真回应的重大课题。这不仅关乎人们的精神文化生活，而且对于弘扬时代新风、培育社会文明新风尚，具有十分重要的现实意义。

其二，殡葬领域改革的系统性、整体性、协同性有待进一步增强。殡葬改革是一项复杂的系统工程，涉及面广、链条长，不仅涵盖了政府管理、公共服务、市场监管等诸多领域，而且与经济、政治、文化、社会、生态文明等各方面密切相关。推进新时代殡葬改革，需要统筹兼顾、协调推进，既要处理好改革发展与稳定的关系，又要正确把握政府与市场、当前和长远的关系，但从实际情况看，当前一些地方在推进殡葬改革过程中，对殡葬工作在国家治理体系和治理能力现代化中的基础性、先导性作用认识稍有偏差。事实上，在全面深化改革的宏观背景下，只有把殡葬改革放到国家发展全局中统筹谋划、协调推进，加强各领域各环节改革举措的衔接配套，注重发挥殡葬改革的综合效应、系统效应、整体效应，着力破解长期制约殡葬事业发展的体制机制障碍，才能不断开创殡葬事业发展新局面，更好地满足人民群众美好生活需要。

其三，殡葬服务质量有待进一步提升，以更好地满足群众多样化需求。伴随着经济社会的快速发展和人民群众精神文化需求的日益增长，人们对殡葬服务提出了更高的期望和要求。特别是在社会转型速度加快、价值观念多元化的大背景下，传统的殡葬服务模式和内容已难以完全适应时代发展的需要，满足群众日益多元化、个性化的服务需求，这就对殡葬服务机构的服务理念、服务方式、服务能力等提出了新的挑战。目前，我国殡葬服务领域在服务价格结构、市场监管体系、服务提供规范等方面仍存在一些亟待解决的问题，在一定程度上影响了殡葬服务市场的健康有序发展。优化殡葬服务供给，着力提升殡葬服务质量，努力满足群众多样化需求，已成为新时代深化殡葬改革的重要任务和基本遵循。这不仅体现了社会文明进步和现代公共服务理念的必然要求，也折射出人们对生命尊严和人文关怀的深切期盼。

综上所述，随着殡葬事业不断发展，殡葬公共服务供给水平不断提高，人民群众的获得感、幸福感、安全感持续增强，这对于实现人民对美好生活的向往，无疑具有十分重要的现实意义。但也要看到，随着改革的深入推进，一些深层次矛盾和问题日益凸显，特别是文化传承和系统观念，都还有诸多亟待完善和创新的空间。

3. 研究目的

在当今社会，随着时代的发展，殡葬行业承载的理念也在不断演变。我国人口众多，生老病死问题已成为重大社会挑战。然而，在传统的殡葬消费观念的影响下，厚葬等传统模式不仅占用了大量有限的土地资源，也给许多家庭带来了经济负担，同时还对环境造成了严重破坏。因此，以绿色发展为目标的殡葬行业实现可持续发展显得尤为迫切。面对当前殡葬改革的机遇和挑战，本书旨在深入探究生命文化视角下殡葬市场的相关问题，以北京市为例，旨在为推动殡葬行业朝文明、绿色、可持续的方向发展提供理论支持和实践指导。

本书深入剖析生命文化对殡葬市场的影响，通过对生命文化的深入理解和审视，揭示其在塑造和引导殡葬市场绿色发展方面的重要作用。深入探究生命文化如何影响公众对殡葬服务的需求、选择和行为，以及在殡葬市场中体现的价值与意义。通过实地调查和细致分析，审视北京市殡葬消费、营销和收费的现状，分析其存在的问题和挑战，涉及的资源浪费、环境污染以及服务品质欠佳等问题，深入挖掘其根源并剖析其对社会、环境和文化的影响。在全面分析殡葬市场问题的基础上，深入探讨如何通过多主体合作协同治理提升服务品质和水平来满足人们对殡葬服务的需求，推动殡葬行业向文明、绿色方向发展；通过制定相应的政策法规、加强行业内部管理，以及推广环保型绿色殡葬方式等多种措施与策略，提升殡葬服务水平，实现殡葬行业的规范化、绿色化及可持续发展。

综上所述，通过深入研究生命文化视角下的殡葬市场相关问题，期望能够为北京市殡葬行业的规范化、绿色化、可持续发展提供具体参考和借鉴。同时，也希望本书成果能够为其他地区的殡葬行业改革和发展提供启示，促进社会文明进步和生态环境保护。

## （二）研究意义

### 1. 理论意义

本书在国内缺失同类研究的情况下，填补了绿色殡葬市场体系相关的研究空白。从理论上明确了在生态文明背景下绿色殡葬市场体系的内涵和核心价值，在了解其限制性因素问题后，从多学科角度，探讨适应绿色殡葬市场培育与管理的内容和政策，对绿色殡葬市场体系的理论研究具有重要的意义。

在当前生态环境日益恶化的背景下，绿色殡葬作为一种符合生态文明建设要求的殡葬方式，具有重要的理论价值。通过对绿色殡葬市场体系的深入研究，可以加深对其内涵和核心价值的理解，有助于引导殡葬行业朝着环保、可持续的方向发展。

此外，对于绿色殡葬市场体系中存在的限制性因素的分析，可以为政府部门和相关机构提供决策参考，促进相关政策的制定和实施。通过多学科角度的探讨，可以探索适应绿色殡葬市场培育与管理的内容和政策，推动绿色殡葬市场的健康发展。本书对于推动绿色殡葬市场的发展，促进殡葬行业的绿色转型具有重要的理论意义。

2. 现实意义

绿色殡葬市场体系的建设是当前社会发展的迫切需求，具有广泛而深远的现实意义。随着我国城市化进程的加快，环境问题越发凸显，生态文明建设成为全社会的共同责任和目标。在这一背景下，殡葬行业作为社会生活中不可或缺的一部分，其转型升级至绿色、可持续发展的方向，对于推动社会文明进步、促进资源合理利用、提升生态环境质量具有重要意义。

一是推动生态文明建设。传统殡葬方式往往伴随着大量的资源消耗和环境污染，例如墓地扩建占用土地资源、传统火葬排放污染物等。构建绿色殡葬市场体系有助于解决这些问题，推动行业向更加生态友好的方向发展，减少资源消耗、降低环境污染，从而为生态文明建设贡献力量。

二是促进资源合理利用。绿色殡葬市场体系的建设可以推动资源的合理利用。通过倡导节约型、环保型的殡葬方式，如树葬、海葬等，减少了对土地和木材等自然资源的需求，提高了资源利用效率，实现了资源的可持续利用。

三是提升社会文明程度。传统殡葬方式中存在的不文明现象，如焚香烧纸、乱建墓地等，不仅对环境造成了破坏，也不符合现代社会的文明进步。通过推广绿色殡葬方式，可以倡导社会公民形成良好的环保意识和行为习惯，提升社会的文明程度，营造和谐的社会环境。

四是推动文化传承与创新。绿色殡葬市场体系的建设不仅是对环境资源的保护，也是对传统文化的传承和创新。通过推广绿色殡葬方式，可以挖掘和发扬传统文化中尊重自然、和谐共生的理念，促进文化的传承与发展，激发人们对生命和自然的尊重与敬畏。

五是促进产业可持续发展。绿色殡葬市场体系的建设有助于促进殡葬产业的可持续发展。新兴的绿色殡葬产业不仅提供了更加环保、可持续的殡葬产品和服务，也为行业发展注入了新的活力。同时，推动产业结构的优化和升级，提高了殡葬行业的整体竞争力和可持续发展能力。

综上所述，绿色殡葬市场体系的建设既具有重要的理论意义，又具有广泛而深远的现实意义。在理论上，该体系的构建填补了国内相关研究的空白，明确了在生态文明背景下绿色殡葬市场体系的内涵和核心价值，为推动殡葬行业向绿色、可持续发展的方向迈进提供了重要的理论支撑。同时，从现实角度看，绿色殡葬市场体系的建设不仅有助于推动生态文明建设、促进资源合理利用、提升社会文明程度、推动文化传承与创新和促进产业可持续发展，还有助于改善社会环境、促进经济转型升级、塑造国家形象和提升公民的文明素养。因此，我们应当充分认识到绿色殡葬市场体系建设的重要性和紧迫性，积极探索和倡导绿色殡葬理念，推动殡葬行业迈向更加绿色、健康、可持续的发展道路，为构建美丽中国、实现经济社会和环境的协调发展作出积极的贡献。

## 二、研究思路和方法

### （一）研究思路

殡葬行业作为社会不可或缺的一部分，其发展受到时代发展和文化理念的影响。在当今社会，随着人们对生态环境和资源的关注不断增强，殡葬行业也面临转型升级的挑战。首先，研究现有的政策框架，探讨如何制定和实施更加符合绿色消费理念的政策措施，促进殡葬行业向绿色、可持续发展的方向转变。其次，通过殡葬市场营销相关问题研究，探索如何倡导和推广绿色殡葬理念，引导消费者转变传统观念，选择绿色、环保的殡葬服务和产品。再次，关注殡葬行业收费问题，探讨如何建立健全的收费机制，确保殡葬服务的价格合理、透明，保障消费者权益，推动行业向更加规范和可信赖的方向发展。最后，探讨多主体之间的协同创新机制，研究如何通过政府、企业、社会组织等各方的合作与协调，推动殡葬行业在绿色发展方面取得更大的突破和进步。

综上所述，本书将以生命文化理念为指导，围绕殡葬市场相关问题展开深入研究。通过探讨殡葬行业绿色消费模式政策、绿色营销、收费机制以及协同创新等方面，为促进殡葬行业向绿色、可持续发展的方向迈进提供有益思考和建议，为行业发展提供新的视角和思路，共同推动殡葬行业朝着更加文明、绿色、可持续的方向发展。

### （二）研究方法

本书坚持规范研究与实证研究相结合、定性分析与定量分析相结合的原则。运用归纳与综合分析法，梳理国内外绿色消费理论研究进展及发展实践情况，确定本书的研究意义和整体框架。以北京市 12 个殡仪馆、33 家经营性公墓的绿色消费、绿色管理等情况为实证基础，在运用定性方法对北京市殡葬行业绿色市场相关问题的现状进行一般描述的同时，运用问卷调查等方法进行了量化研究。获得初步研究成果后，采用科学实验法，进行推动殡葬行业绿色消费、绿色管理的实验，印证研究成果。

## 三、相关概念界定

### （一）生命文化

人们对生命的认知，随着时间的推移和知识的发展而不断深化。广义的生命，是指一切植物和动物的形态，包括人、动植物、微生物的存在。狭义的生命，是专指人的生命，是人的存在形式及其全过程。本书即从狭义的角度来理解，把生命划分为两个层次、四个维度。生命的两个层次是指自然生命和文化生命，自然生命是第一生命，文化生命是第二生命。生命的四个维度是指生物生命、社会生命、精神生命和价值生命。生物生命是生命存在的载体，也是最本能、最自然的存在方式，具有短暂性、脆弱性、不可逆性等特点。社会生命指的是人的生命存在于社会生产和社会交往之中，人通过社会实践而成为社会的人，社会性是人的根本属性。精神生命是人对情感、信仰、道德、理想的追求，使生命得以升华，发展出无限的精神追求来弥补有限的自然生命的不足。价值生命，表现为人之生命的价值取向。人的社会实践的过程就是一个创造、形成并发展自身价值的过程。人的生命因为与社会建立价值关系，创造并实现自身的价值而变得有意义，价值生命使人的精神更加崇高，生命的意蕴更加充实，是人之生命的超越性发展。人的生命的四个维度维系着人的身心和精神的统一，它们共同作用，筑成人的完整生命。

在理解生命的内涵的基础上，对生命文化进行新思索，是对生命意义重新诠释的文化，它包含四层：探寻人自身的我际生命文化；人与社会关系的人际生命文化；人与职业关系的业际生命文化；人与精神延续的灵际生命文化。

### （二）绿色市场

发展绿色经济、培育绿色市场以解决目前经济发展和资源环境的矛盾已经成为各界的共识。英国的肯·毕提（Ken Peattie）教授在他的著作《绿色营销——化危机为商机的经营趋势》中对绿色营销的概念进行了比较明确的界定，认为："绿色营销是一种能辨识、预期及符合消费的社会需求，并且可带来利润及永续经营的管理过程。"从分析绿色市场、环境公平和工业经济的概念关系入手，指出提升消费者的环境公平理念，使其自愿承担环境成本，有利于绿色市场发展。

国内关于绿色市场的研究也较为丰富。一是绿色市场定义研究。刘京认为，绿色市场是指专门销售那些在生产和消费过程中很少产生环境污染的产品的市场。二是绿色市场制约因素研究。张新国、涂红认为，阻碍我国绿色市场发展的因素包括：绿色产品的市场准入、质量、价格、竞争环境和无序化管理。李荣庆认为，在商业领域影响我国绿色市场发展的因素主要有绿色消费障碍、价格障碍、消费环境障碍等，这些障碍体现了绿色市场中厂商和消费者的利益损失，除加强道德教育之外，解决市场主体之间的利益分摊问题是促进绿色消费的核心所在。三是绿色市场发展途径研究。温孝卿认为，培育和发展绿色市场的实质是培育和发展绿色生产和绿色消费，进而推动和扩大绿色供给与绿色需求。崔如波提出，绿色市场经济制度包括四个方面：一是绿色基础制度；二是绿色规范制度；三是绿色激励制度；四是绿色考核制度。

传统意义的绿色市场是指专门销售绿色产品或提供绿色服务的市场，本书对绿色殡葬市场进行了广义角度的定义：绿色殡葬市场包含整个绿色殡葬产业价值链及其涉及的所有利益相关主体，是殡葬行业绿色发展的载体和动力。

# 四、研究内容和创新

## （一）研究内容

本书旨在深入探讨殡葬行业绿色发展的路径与策略，为推动行业向绿色、可持续的方向发展提供理论支持和实践指导。

第一章，绿色殡葬消费。本部分将对当前殡葬行业的消费模式进行深入研究，分析其存在的问题和挑战。调查现行的政策框架，探讨如何制定和实施更加符合绿色消费理念的政策措施。

第二章，绿色殡葬营销。从市场营销的角度出发，探讨如何倡导和推广绿色殡葬理念。同时，关注如何提升绿色殡葬服务的品牌知名度和市场竞争力。

第三章，绿色殡葬收费政策研究。重点关注殡葬行业的收费问题，研究现行的收费机制，分析其合理性和公平性，探讨如何建立透明、公正的收费机制，保障消费者的权益，推动行业向更加规范和可信赖的方向发展。

第四章，生命文化视角下殡葬行业绿色市场协同创新发展。探讨多主体之间的协同创新机制。通过与政府、企业、社会组织等各方的合作与协调，研究如何整合资源、优势互补，推动殡葬行业在绿色发展方面取得更大的突破和进步。

通过对以上四个方面的深入研究，为促进殡葬行业的绿色发展提供理论支持和实践指导，为推动社会文明进步和生态环境保护作出积极贡献，为行业发展提供新的视角和思路，共同推动殡葬行业朝着更加文明、绿色、可持续的方向发展。

## (二) 研究创新

本书在以下三个方面展现了创新性。

一是研究内容创新。对北京市殡葬行业市场相关问题进行了全面研究，扩展了殡葬理论研究的范畴。通过深入探讨殡葬行业的绿色发展路径和策略，拓宽了对殡葬行业发展的理解，并提出了可行的改革方案。

二是研究方法创新。采用了综合运用问卷调查法与模糊层次法的研究方法，对北京市殡葬行业绿色市场现状水平进行了量化研究，将定性分析与定量分析相结合，更准确地评估了绿色市场的发展情况，为后续的政策制定和实践探索提供了有力的数据支持。

三是研究实践创新。通过在北京市殡葬市场进行实地实验，推动了市民文明、绿色祭奠新风尚的形成，是北京市殡葬行业绿色发展实践的重要创新。通过与市场主体、政府部门和社会组织的合作，积极推动了绿色殡葬理念的传播和实践，为殡葬行业的可持续发展注入了新的活力和动力。

本书在研究内容、研究方法和研究实践方面均具有创新性，为促进殡葬行业的绿色发展提供了理论支持和实践指导。

第一章

# 绿色殡葬消费

随着经济社会的快速发展和殡葬改革的深入推进，我国殡葬事业自党的十八大以来取得了长足进步，已经形成了一套相对完整且成熟的殡葬服务体系。面对复杂的殡葬新形势、新挑战，为全面贯彻党的二十大精神，围绕积极推进"惠民、绿色、人文"殡葬、明确"公益为主体、市场为补充"的殡葬服务供给模式，加强殡葬管理，坚持"以人民为中心"的发展理念，重塑殡葬文化建设，深化殡葬改革，推动殡葬改革和殡葬事业更好地服务于保障民生和改善民生、促进精神文明和生态文明建设，已经成为大势所趋，不可逃避的时代课题。对殡葬行业绿色消费现状进行观察及对现象的成因进行分析后，本书发现，当下该行业绿色消费模式发展的困境绝不是单方面因素造成的，任何期望仅通过政府的行政措施、市场自我调节来单独解决人们面临的问题的做法，最终都是很难如愿的。在生态文明背景下，政府、殡葬服务机构、消费者三个主体共同改革，或是突破当下殡葬绿色消费模式面临的困局的一条路径。政府要从绿色教育、绿色殡葬政策法规、绿色殡葬补贴机制、鼓励绿色技术创新、理顺殡葬管理体制、构建科学价格管理体系以及优化社区环境等多个方面支持与引导绿色殡葬消费方向。殡葬服务机构要创新绿色殡葬技术、增强生命文化建设、承担社会生态责任以及创新殡葬服务产品。同时，增强殡葬消费者环保意识，使其参与绿色殡葬产品价值创造，形成"厚养薄葬"观念，回归理性殡葬消费。把生态文明纳入现代殡葬行业建设总体布局，着力构建倡导生态文明理念、推行生态文明殡葬消费模式、出台生态文明绿色殡葬政策，全面实现殡葬业生态文明业态是一项复杂的系统工程。打破传统，走向现代，建立绿色殡葬消费模式，在更高层次上实现人与自然、人与社会的和谐统一，以推进生态文明建设为导向发展现代殡葬行业，实现整个行业的可持续发展。随着经济的快速发展和社会结构的深刻变革，殡葬行业在我国社会文化和经济生活中扮演着越发重要的角色。殡葬不仅是一个与死亡直接相关的服务行业，还承载了丰富的文化传统和社会伦理。特别是在孝道文化的深远影响下，殡葬活动不仅体现了对逝者的尊重，也是家庭和社会道德责任的体现。

# 一、生态文明与绿色消费相关理论概述

## （一）生态文明的内涵

生态文明概念形成的时间较短，将"生态"和"文明"两方面概念整合，具有复杂性和多义性。我国著名生态学家西南农业大学的叶谦吉教授于1987年首次提出了"生态文明"建设的观点，认为："所谓生态文明就是人类既获利于自然，又还利于自然，在改造自然的同时又保护自然，人与自然之间保持着和谐统一的关系。"[①] 之后，对生态文明的含义，许多学者从不同角度进行了界定。李红卫认为，生态文明的目标是建立人与自然相互协调发展的新文明，把社会经济发展与资源环境保护协调起来[②]。侯楠认为生态文明可以从多个角度解读，如从时间上看，生态文明是人类文明发展历程中一个新生事物，扬弃了工业文明与农业文明之中的不合理部分，引入了资源能源的永续利用以及社会的可持续发展的相关理念。从要素上看，生态文明包含了人与自然的和谐共生、人与人（社会）的平等和谐以及人自身各方面的协调发展[③]。目前被较为广泛接受的概念是潘岳对生态文明的概念的表述："生态文明，是指人类遵循人、自然、社会和谐发展这一客观规律而取得的物质与精神成果的总和；是指人与自然、人与人、人与社会和谐共生、良性循环、全面发展、持续繁荣为基本宗旨的文化伦理形态。"[④] 这就要求在构建和谐社会的背景下，社会生态系统良性运行，实现人类的一切活动在满足人与自然和谐共存的基础上，满足人的物

---

① 叶谦吉．生态农业：农业的未来 [M]．重庆：重庆出版社，1988：333．
② 李红卫．生态文明：人类文明发展的必由之路 [J]．社会主义研究，2004（6）：114-116.
③ 侯楠．生态文明视域下的青年绿色消费观研究 [D]．长春：吉林建筑大学，2015．
④ 潘岳．社会主义生态文明 [J]．学习时报，2006（9）．

质需求和精神需求。学者们对生态文明内涵的讨论虽然各有差异，但生态文明的实质是正确认识和处理人与自然、人与社会、人与人之间的关系，实现人和自然和谐共存、人和社会良性互动、人与人友好相处的可持续发展。生态经济是构建和谐社会的必然要求，要求人类必须发展生态文明和绿色消费。

生态文明具有如下三个特征。第一，体现"人与自然的和谐共生"的生态文明价值观。生态文明的核心是调整"人与自然""人与社会""经济发展与环境保护"的相互关系，人—自然—社会三者之间相互依存又独立，一切发展都在尊重自然的前提下。"绿色文化""生态意识"已逐渐被公众接受，"人与自然的和谐共生"的生态文明价值观已初步形成，且具有广泛的影响。第二，体现"自律的生产生活方式"的生态文明实践。在经济发展与生态环境之间良性互动的背景下，绿色经济符合生态文明建设的要求。社会公众在生产生活过程中，克制对物质财富的追求和对生态环境的破坏，选择既能满足自身需求又不过度消耗生态资源的绿色消费模式。第三，体现"持续发展"的生态文明时间特征。人类的可持续发展是生态文明的根本目标，这是一个长期又艰巨的过程，需要长期坚持不懈的努力。

生态文明是人类文明形态和文明发展的理念与模式的重大进步，该理念的提出为解决当前和今后一段时期我国生态环境的突出问题指明了方向，为促进经济社会可持续发展提供了根本保证。贯彻落实生态文明观，是科学发展观的内在要求，是对粗放增长方式的科学扬弃，是追求人与自然和谐发展的历史必然性和现实紧迫性的客观需要，会使人类社会发生根本性的转变。首先，生态文明建设有利于改善我国日益严峻的生态环境，改变经济发展方式，形成节约资源、生态环保的增长方式与消费方式，从而破解我国经济发展难题，缓解现有的社会经济矛盾。其次，生态文明建设使经济发展模式从线性粗放增长转向绿色的可持续增长，同时人们的消费方式和生活方式也随之发生变化，追求一种适度的、公平的、可持续的绿色消费方式。再次，生态文明建设是实现社会永续发展的保证，将尊重和爱护自然的生态文明理念和行动体现到实际工作和生活中，建立与大自然和谐共处的关系，给生态环境足够的时间与空间休养生息。最后，生态文明是一种更高层次的文明，是对传统文明形式的反思和改革，是人类文明发展理念、道路、形态的重大进步。

### （二）绿色消费的内涵

绿色消费，主要是指人们为了满足生理和社会的需要，对有益于人类健康、环境和资源保护的产品和劳务进行消费的一种现代消费模式。学术界对于"绿色消费"的定义尚无定论。1987 年由英国出版的《绿色消费指南》把"绿色消费"定义为规避以下类型产品的消费：对消费者和其他人健康有危害的产品；在生产、使用或丢弃期间污染生态环境的产品；在生产、使用或丢弃期间，导致大量资源消耗的产品；因包装过度、超过使用期或由于产品使用期过短等原因导致不必要浪费的产品；使用濒临灭绝的物种或资源制成的产品；包含了对动物虐待或乱捕滥猎行为的产品；对其他国家特别是发展中国家不利的产品[①]。1993 年，英国学者肯·毕提把"绿色消费"定义为，所谓绿色消费，是进行购买行为活动时，至少一部分从生态环境、社会的角度进行的购买或非购买的行为[②]。

著名环保作家唐锡阳、马霞把绿色消费的含义概括为三"R"和三"E"。第一个 R，为减少非必要的浪费（Reduce）；第二个 R，为重复使用（Reuse）；第三个 R，为再生利用（Recycle）。第一个 E，讲究经济实惠（Economics）；第二个 E，讲究生态效益（Ecological）；第三个 E，符合平等、人性原则（Equitable）[③]。宁薛平、文启湘认为，绿色消费以"绿色、自然、和谐、健康"为宗旨，强调消费需求的多样性和人性的丰富性，注重生态平衡、环境保护，资源不断与存续，以期实现可持续消费和发展[④]。

① 林白鹏，臧旭恒. 消费经济学大辞典 [M]. 北京：经济科学出版社，2000.
② 毕提. 绿色营销 [M]. 三上富三郎，译. 东京：同友馆，1993：117.
③ 唐锡阳，马霞. 环球绿色行 [M]. 桂林：漓江出版社，1993.
④ 宁薛平，文启湘. 绿色商业引导绿色消费的障碍分析：基于绿色消费模型的视角 [J]. 北京工商大学学报（社会科学版），2008（2）：1-5.

刘华容认为，绿色消费是一种生态消费，在消费过程中考虑生态效益，并将其纳入消费环节，绿色消费具有公平性、持续性、节约性、适度性的特征①。

综上，无论国内外学者从何种角度对绿色消费进行定义，其基本思想是一致的，而随着社会经济发展，绿色消费的含义变得更为宽泛。绿色消费的内涵有狭义和广义之分：狭义的绿色消费，是指消费者在消费的过程中意识到生态环境的恶化对自己的生活方式及生活品质的影响，从而自觉抵制污染环境、消耗资源的消费品；广义的绿色消费，全面涵盖了与绿色消费有关的理论及其实践，是综合与理性考虑资源利用率、生态环保和消费者权利的新模式，不仅包括对污染消费品的抵制，还包括消费活动过程中体现的生态环保意识、理性的绿色消费理念。广义的绿色消费，是一种渗透着环保意识、健康意识的，自我超越的，公平理性的可持续消费，是当代消费发展的大方向，目标是保护、培育一个优美的生态环境，协调人与自然的关系，它反映了生态文明背景下一种崭新的人生观、世界观和道德观。

从广义的角度研究绿色消费问题。绿色消费是以生态环境保护、节约资源和保护消费者的身体健康为主旨的可持续型消费。绿色消费的提出具有重要的现实意义。首先促进了健康的绿色市场的形成，绿色市场以流通"绿色"与"环保"商品为特点；其次促进了高尖端绿色科技的发展；最后推动了殡葬服务机构的转型，在绿色产品受到大众欢迎、绿色消费模式成为人们日常消费的主流模式后，殡葬服务机构为了自身的生存与发展将会改变固有的生产经营模式，以生产经营"绿色"与"环保"商品（安葬产品等）为目标，本着安全和环保的原则，从而提高在绿色市场中的竞争能力。

生态文明和绿色消费在本质上是一致的，消费模式的绿色化的倡导与实施是建设生态文明的主要途径之一。随着经济水平的提高，人们的消费

① 刘华容. 关于中国建设低碳消费模式分析［J］. 中南林业科技大学学报，2010（4）：186-189.

观念也有了较大转变，消费越发自由和多样化，然而这也导致了一些不科学的消费观念与消费方式的出现。诸如不考虑环保、为了方便而采用非降解材料的一次性用品，选择非环保型交通工具出行，浪费生态资源等。这些行为对于环保、节约资源和能源、实现可持续消费是不利的，违反了生态文明与人、自然、社会和谐发展的本质内涵。树立正确科学的消费观念是生态文明建设的一个重要方面，是构建生态文明的必经之路。

上述对生态文明和绿色消费理论的梳理，为绿色殡葬消费的建设和发展找到了核心价值取向并提供了理论支撑。

## 二、北京市殡葬消费现状及特征

### （一）北京市殡葬消费基本现状

根据功能将殡葬消费分为两个阶段：殡仪消费和安葬消费。

1. 殡仪消费

（1）殡葬用品

由于北京市外来人口较多，殡葬用品具有多样化特点，主要包括：寿衣、骨灰盒、花圈、灵堂用品、纸扎用品等。社会公众对于上述用品的购买渠道主要有两个：一是在事业单位体制的殡仪馆内进行购买；二是向民营的殡葬服务机构（包括街边的殡葬用品商店、网络购物、一条龙殡仪服务公司等）购买。根据目前相关规定，公众完全可以根据自身经济实力、社交范围及消费理念自主地选择购买殡葬用品。由于从事殡葬用品销售的经济实体数量较多，且殡仪阶段的殡葬用品生产、销售环节已经完全向社会民营资本开放，市场基本处于公开、透明的状态，符合市场竞争原则。方便、价格、质量都是消费者购买殡葬产品或服务关注的因素。而与其他殡葬用品不同，骨灰盒由于具有非同质性特征（材质、配饰、设计不同），其销售价格会呈现较大的差异，往往会导致公众的冲动消费、攀比消费、面子消费，存在价格虚高的社会需求基础。

（2）殡仪场地

目前，我国殡仪馆、火葬场等领域的经营基本还未市场化，因此北京市各家殡仪馆在实际运营过程中具有绝对经营的地位。目前，北京市有12家殡仪馆。公众在选取遗体告别仪式等与殡仪场地相关服务时，多数选择殡仪馆，且在殡仪馆提供的价格范围内进行消费。

（3）殡仪服务

殡仪服务主要包括遗体接运、冷藏、火化、整容、告别等消费项目。北京市的火化服务目前仅有事业单位体制的殡仪馆能够提供，其在火化服务等方面的市场供应呈现出显著的供给侧特征，导致消费者面对较低的需求价格弹性，基本上处于缺乏选择权的状态。在所有提供的火化服务中，普通炉的使用频率相对较低，绝大多数消费者倾向于选择更高档的火化服务。

（4）骨灰存放服务

在殡葬服务消费链中，骨灰存放服务作为延伸性服务项目之一，其价格形成机制和市场供求特征值得深入探讨。当丧亲家庭暂不具备将逝者骨灰盒进行安葬的条件时，殡仪服务机构提供的有偿骨灰保管服务成为过渡性选择。其骨灰存放服务定价呈现出差异化特征，价格水平与骨灰格位置、存放时长、设施档次等因素密切相关。普通骨灰堂凭借设施齐全、风格朴素等特点，定价相对平民化，而高档骨灰堂则通过个性化格位设计、高品质配套设施等创造附加价值，收费水平相应提升。总体而言，骨灰存放服务价格体现出合理性和可承受性，较好地满足了不同消费群体的差异化需求。

通过对北京地区殡仪服务消费结构的实证研究发现，殡葬用品消费在整体殡仪服务支出中占据了主导地位，彰显出"事物"消费相较于"事务"消费更具价格弹性和成本刚性的特点。以中档殡仪消费为例，殡仪服务项目（如火化、接运、告别等）的支出仅为殡葬用品（如寿衣、骨灰盒等）费用的一半。这一现象从侧面印证了殡葬用品在仪式感营造、情感慰藉等方面的独特作用，也反映出传统礼俗文化和观念心理对殡仪消费行为的深刻影响。

进一步梳理不同档次的殡仪消费结构可以看出，居民的经济条件、消费习惯和心理预期是影响殡仪消费层次的关键因素。高档殡仪消费在总支出规模、单项用品价格等方面显著高于中低档，体现了经济基础对殡仪消费能力和意愿的决定性作用。而中档殡仪消费作为主流形态，代表了大众化的消费理念和习惯养成，既重视对逝者的情感告慰，又兼顾经济成本的平衡约束。相较之下，低档殡仪消费则突出了基本殡葬需求的满足，服务项目相对单一，价格水平明显偏低，凸显了经济约束下的理性消费取向。

总的来看，殡仪服务消费结构和层次的差异化特征，既反映了经济社会发展不平衡、居民收入分配差距等外生因素的影响，也折射出传统观念更新、殡葬需求升级等内生动力的作用。可以预见，随着经济水平的提升、中等收入群体的扩大，大众化、个性化的中高档殡仪消费需求将持续释放，对殡葬服务供给的品质化、多样化提出更高要求。与此同时，绿色殡葬、文明殡葬等社会主流价值观的普及，也将引导殡仪消费理念向更加节俭、环保、科学的方向转型。因此，殡葬服务供给侧须准确把握消费结构变迁趋势，加快转型升级步伐，在创新服务理念、优化资源配置、健全定价机制等方面持续发力，不断提升对多元化消费需求的适配性和引领性，为殡葬事业高质量发展提供有力支撑。

2. 安葬消费

公众在完成殡仪阶段的消费后，一般情况进入选择骨灰处理方式阶段——多数人会选择为逝者购买墓穴——安葬阶段。根据现行《殡葬管理条例》第九条"农村的公益性墓地不得对村民以外的其他人员提供墓穴用地"的规定，城市居民购买墓地的选择范围限于城市经营性公墓，凭逝者死亡证明限制购买。除了以上限制无其他条件，公众可比较自由地选择、购买适合自身殡葬理念、经济实力的公墓产品。安葬阶段的消费主要包括：购买墓穴的一次性消费、安葬仪式费用、管理费，购买祭奠用品费用。目前，根据《北京市殡葬管理条例》第二十条的严格规定，墓穴的占地面积受到限制，安葬单人或双人骨灰的墓穴面积不得超过规定标准，而安葬多人骨灰的墓穴面积也有具体要求。在这样的政策指导下，北京市在骨灰安葬方式上积极推广生态化选择，努力提高生态安葬的比例，包括骨灰撒海与骨灰景观撒散等形式，从而引导公众向更环保、节地的安葬方式转变。生态安葬的推广不仅符合节地安葬的政策导向，同时也能有效减少居民的安葬费用，这不仅体现了对土地资源的珍惜与保护，同时也展示了对逝者的尊重及对生态环境的关怀，对于减轻公众负担、促进殡葬行业的可持续发展具有重要意义。

### （二）北京市殡葬消费的特征

#### 1. 公众对绿色殡葬消费持积极态度，需求呈多样化

随着殡葬行业服务机构和人员的增加，各殡葬服务机构为适应殡葬消费需求，获取经济和社会效益，不断拓展殡葬服务领域。由过去简单的遗体接运、遗体冷藏、遗体整容、遗体告别、遗体火化以及殡葬用品销售等基本服务，发展到目前从临终关怀、个性化告别到善后服务，全过程的"一条龙"现代化殡葬服务。随着殡葬服务项目的丰富和公众消费水平与消费观念的转变，殡葬消费者的消费需求也发生了变化，由以前的基本服务需求变为个性化服务需求，由过去的亲自操办变为委托殡葬服务机构或殡葬中介机构承办，由过去殡葬用品消费为主向殡葬服务消费为主转变。正是由于殡葬服务市场和殡葬消费需求这两方面的变化，促使殡葬行业利润空间和殡葬消费空间不断扩大；同时由于殡葬服务项目的丰富和服务质量的提升，殡葬消费方式的更新，殡葬消费需求呈多样化趋势发展，这是一个互动的过程。

#### 2. 土地资源稀缺，安葬消费总体过高

通过对公众的具体殡葬消费行为的调查发现，仅以物理空间划分，公众在殡仪馆外的消费占整个殡葬消费的大部分，即为安葬逝者而一次性购买经营性墓地的费用的数额最高。从每年的遗体火化数量与安葬设施存在的矛盾可以看出，首都公众的安葬需求面临严峻挑战。殡葬市场化不仅无法平抑安葬价格，且经营性墓穴价格正在逐年飙升，年涨幅比率较高。

（1）遗体火化数量与安葬实施存在矛盾

北京市行政区划共分 16 个区，2022 年户籍人口 1400.8 万，2023 年常住人口 2184.3 万，作为超大型城市，殡葬需求较大。目前北京市的合法公墓百余处，其中北京市民政局审批的经营性公墓有 33 家（16 家市属经营性公墓和 17 家隶属于各区的公墓），此外是公益性公墓和公益性灵堂。经营性公墓的主要服务对象是城镇居民，为其提供骨灰或遗体安葬、实行有偿的公墓服务。公益性公墓多数位于农村，多是只安葬本村村民，满足农村安葬需求。

目前北京市公墓虽然数量不少，但在经营发展过程中面临的制约因素颇多。万安公墓、人民公墓等经营性公墓，土地资源已面临储备不足的困境，且由于剩余土地多为租赁性质，稳定性相对较差。同时，为保障公墓的长远发展，各公墓的年均安葬规模受到严格控制。目前西静园管理处（不含外侨公墓）、殡仪服务中心所辖东北义园和西北旺公墓 3 家已不对外售墓。其余公墓的情况也不容乐观，以福田公墓为例，若假定其每亩土地可建墓 240 个，每年完成 240 份骨灰的安葬任务，即以 3% 的经营性公墓比例满足全市遗体火化量的 0.3% 的安葬需求，其可供租赁的墓穴数量仅能维持不到 2 年的时间，故其每年的安葬量必须加以控制。联营公墓的土地资源虽相对充裕，但土地使用性质为集体土地而且地理位置相对偏远。

长青园骨灰林基地，作为北京市首家市属城市公益性公墓，地理位置相对较偏，且壁葬的节地葬式不被广泛地接受，导致其在骨灰安葬方面的供给和保障能力有限。而首都虽然有数量众多的农村公益性公墓，但其法律主体地位不明，且其不能对辖区以外的人员销售，不能有效缓解首都的安葬压力。

通过以上数据不难发现，尽管首都各经营性公墓在一定程度上满足了公众的安葬需求，但 33 家经营性公墓和每年 10 万多具遗体火化量之间的矛盾较大，且随着首都人口老龄化现象的日渐加剧，骨灰安葬需求与墓穴供给之间的矛盾将越来越大。北京市公墓经营面临的土地资源紧张、土地稳定性以及年均安葬规模控制等问题，要求政策制定者、行业管理者以及相关机构在未来的规划与管理中采取更为科学、合理的措施。这不仅涉及改善现有土地资源的利用效率和公墓服务质量，更关乎通过综合治理策略，促进公墓行业的健康发展，以更好地满足公众的需求。

（2）经营性公墓价格逐年上涨

在北京市区，针对居民中等殡葬消费的研究表明，公墓消费占据了殡葬总消费的主要部分，这一现象在经济上对普通居民形成了不小的压力。具体而言，一个中等档次的墓地购置费用，往往占据城镇在岗职工年平均工资的相当大一部分。这在经济上对大多数家庭构成了负担。

在市场供需方面，部分地理位置优越的经营性公墓已经停止销售，这一现象在一定程度上凸显了市场中的土地资源稀缺性及其对价格结构的影响。这一供需矛盾的背后，是公众对于"入土为安"传统观念的深植，以及在短时间内难以改变的市场需求。由此带来的墓穴价格高涨，无疑加剧了安葬消费的经济负担，对普通居民而言构成了一大压力。

3. 传统葬式仍是主要消费选择

殡葬活动受传统文化影响，是特点鲜明、极具社会价值的行为模式，是自古以来公众比较重视的社会活动之一。在传统文化因素的影响下，以"入土为安"为代表的传统丧葬模式仍是公众的主要选择，但这已经明显与当下的资源状况、社会潮流格格不入。

目前，北京市绿色安葬形式还比较少，文化内涵也较低，与公众的消费心理和需求很难统一。通过对北京市公墓节地绿色安葬情况进行调研，北京市节地绿色安葬主要有以下 8 种表现形式：骨灰堂、骨灰墙等立体安葬、小型节地葬、花坛葬、草坪葬、树葬、骨灰撒海、建纪念碑。骨灰堂、骨灰墙等立体安葬、小型节地葬属于传统向绿色安葬的过渡形式，有节约土地资源的优势；花坛葬、草坪葬和树葬是对传统安葬形式的革新，是绿色环保理念的体现；骨灰撒海属于不保留骨灰的处理方式，符合生态文明需要；建纪念碑，为特殊人群设立，不具有普遍性。北京市的市属殡葬服务机构的骨灰存放和立体安葬的收费标准是由北京市发展和改革委员会统一确定的。2010 年，北京市将小型节地葬作为惠民殡葬政策之一推出，安葬费用在 1 万元以内。花坛葬、草坪葬、树葬等价格最低的只有几百元，福田公墓、朝阳陵园等多个墓园对重点优抚对象或享受城乡居民最低生活保障人员实行免费。与购买传统墓地相比，节地绿色葬式存在价格上的优势。但是，目前北京市真正意义上的绿色安葬比例不高，大部分墓园的节地生态葬比例普遍较低。近年来，尽管政府从资金及舆论宣传的角度不断加大对绿色殡葬形式的扶持力度，但更多的公众还是对绿色殡葬形式采取排斥的态度，而宁愿选择价格昂贵的传统墓穴葬。

北京市近 3 年小型节地葬、花坛葬、草坪葬等不仅绝对数量有所下降，从市属墓园合计数量所占比例看总体偏低且也有下降趋势。由于缺乏科学文明的殡葬消费观念和殡葬生态意识，新型绿色安葬形式的优势并不明显，同时当前多数家庭还能承担起墓穴消费，受到从众心理的影响，当前选择绿色安葬形式的还是少数。

4. 民办殡葬服务机构消费多于公办

在当前殡葬服务市场中，随着民营资本的广泛介入，民办殡葬服务机构在提供多样化服务的同时，也引发了市场中的若干问题。这些机构在追求经济效益的过程中，有时可能会采取加价、激烈竞争甚至形成市场垄断等策略，这在一定程度上可能与社会公共利益发生冲突。特别是部分一条龙殡仪服务公司及殡葬中介，在缺乏有效的监管和统一管理的情况下，可能会将利润最大化作为首要目标，导致服务质量与道德标准的下降，甚至利用消费者对殡葬服务的特殊需求，推广封建迷信等不科学的观念，从而损害消费者的经济及精神利益。而根据目前对殡葬消费情况的调查，除遗体火化基本由公办的殡仪馆提供之外，其他殡葬服务项目和产品民办殡葬服务机构都能提供。这一现象表明，民办机构在提供殡葬服务方面扮演了重要的角色，为消费者提供了更多的选择。

## （三）北京市殡葬消费存在问题及原因分析

### 1. 殡葬执法困难，殡葬服务市场监管效果不佳

一是执法依据不足。由于殡葬制度不完善，存在明显的法制空白，且

已规定的内容存在"违法成本低"的特点，致使殡葬管理的相关部门无法有效地开展执法。二是行业管理涉及多部门，执法协调难度大。殡葬业的管理需要协调民政、工商等多个职能部门，各单位执法时间难以协调统一、执法水平参差不齐，且殡葬行业易受消费水平、环境政策、传统风俗、宗教信仰等因素的影响，因此，管理涉及面较宽、难度较大，仅靠民政部门主管，协调各部门的操作是不够的，没有相关职能部门的全力支持，许多检查难以深入、处罚工作难以执行。三是执法的客观条件较差。一方面生产和销售封建迷信殡葬用品的个体或小企业，通常规模小、较分散，对于执法通常采用"游击"方式，非法殡葬车辆也常常利用灵活性躲避执法检查，一些殡葬中介服务机构既未进行工商注册，也未在民政部门获批或备案；另一方面北京市对医院太平间的管理遵循属地管理原则，医疗机构的管理归属包括中央各部委、院校、部队等，也有市、区两级医院及民营医院，由于各辖区内医疗机构的归属层级不同，有的又超出相关单位的管理范围，给监管和执法带来一定困难。因此，客观上造成监管困难。四是执法队伍力量存在不足。市、区民政局虽各有殡葬管理机构，但整体队伍人员的数量相对于年处理遗体量达 10 万余人的死亡人口规模的北京殡葬市场略显不足，且有"违法收益高"诱惑，违法行为无法得到有效遏制，殡葬管理、执法队伍常常显得力不从心。五是受制于社会组织的发展水平且相关职能尚未健全，行业协会及社会组织极少参与殡葬服务监督和行风建设。广大居民因忌讳心理和认知有限，监督殡葬消费违法行为的意识淡薄。

2. 定价机制失当，收费政策成为高额消费推手

通常情况下，影响服务或产品定价的因素主要有三个方面，即成本、需求和竞争。其中，成本是服务或产品价值的基础，它决定服务或产品价格的最低界限，如果价格低于成本，经营者便无利可图，将会严重影响经营者的经营行为。如果价格明显高于成本，一方面会造成资本聚集，使经营者追求更多利润，破坏正常的市场秩序；另一方面也会严重侵害消费者的正当权益。北京市殡葬服务分为基本服务和延伸性服务，分别实行政府

定价、政府指导价。规定定价目录范围内殡葬服务（基本服务和延伸性服务）收费标准，要求相关部门在成本监审或者调查的基础上，按照公益性的原则，公共财政补贴从严核定，且应适时调整。北京市殡葬服务定价政策存在两个问题，一是定价具有一定主观性。虽多处查询北京市殡葬服务定价的相关材料或文献未果，但走访调查时了解到，针对殡葬服务项目的定价缺乏对直接成本或实际成本的研究，各项目的定价是由民政部门组织各殡仪馆、公墓负责人综合公益性、各机构经营情况、消费能力等因素反复讨论而确定的，报原市物价部门、财政部门批准后执行。公墓的价格确定则是当时事业单位管理体制的直接产物。墓价是根据事业单位年度预算编制时，扣除各单位必要的支出和损耗，实现既定利润额后均摊在年度墓位销售数量上的结果，企业运营的墓园的墓价则是参照定价，并结合利润、品牌影响等因素确定的。由于以上项目价格使用多年，且受利益格局、市场稳定等因素影响，依然沿用主观式定价的"成果"。二是收费政策缺乏调整机制，背离社会经济发展规律。随着人工成本和物价上涨，货币实际购买力下降，而除了公墓价格，服务价格却固定不变，殡葬机构经营成本急剧增加，又缺少财政资金投入，部分私营殡葬机构必然淡化公益色彩，强化逐利功能，增加、销售各种市场调节的服务项目，提升服务质量的意愿下降，因此殡葬服务定价的失当客观上变成了殡葬高消费的有力推手。

**3. 错误意识观念，助长殡葬服务高额消费乱象**

殡葬高消费、殡葬价格混乱，究其原因是多方面的，既有客观因素，也有经营者的主观故意，还有消费者的主观意愿。一方面殡葬服务经营者法律意识淡薄，过分关注利益。殡葬业属于特殊公共服务业，客观上其经营仍有垄断性，遗属在殡葬服务选择上没有任何余地，沉浸于悲伤情绪中也无心计较，这便成为一部分殡葬从业者的"不怕没客户"心理优势，能推荐服务项目就多推荐、能多收益就多收。另一方面殡葬消费者的观念陈旧，造成过度消费。为保护土地、保护环境，国家积极深化殡葬改革，鼓励绿色殡葬、节地生态葬，倡导从简办丧，以实现国民经济可持续发展、减轻人民生活负担、提升人民生活质量和幸福指数的目标。然而美好的政策愿景与人民的行为实践之间存在"隐形墙",这堵"墙"是千年文化筑基,民俗观念、风俗伦理共同砌成的。如果不破除此墙,消费者的陈旧观念无法转变,殡葬改革之路就依然举步维艰。在社会传统文化中,"喜生忌死"的观念根深蒂固,影响公众对于死亡和殡葬的态度和认识。这种观念从根本上限制了民众对死亡的正视和对殡葬知识的主动学习,使得在与殡葬服务机构或中介的互动中,消费者处于不利地位,容易受到误导,进而发生非理性消费。此外,"入土为安"的传统安葬观念,在土地资源日益紧缺的情况下,使墓地需求持续旺盛,成为殡葬消费中的重要组成部分,推高了殡葬成本。同时,基于情感补偿和社会舆论的影响,非理性的殡葬观念仍盛行于社会,促使一些人追求豪华的安葬方式,进一步助长了殡葬行业中的不规范收费和高消费现象。

## 三、北京市殡葬行业推行绿色消费模式的必要性

### (一) 殡葬传统消费的外部性构成绿色消费模式推广的缘由

外部性是由马歇尔和庇古在 20 世纪初提出的一个经济学概念,按照作用的结果划分,消费的外部性可以分为消费的正外部性和消费的负外部性。前者是指消费者的消费行为对他人或公共的环境利益有溢出效应,后者是消费者的消费行为对他人或公共的环境利益有减损效应。人们在消费传统殡葬产品或服务的过程中获得了效用,同时占用了土地资源,也直接或间接产生了碳排放。传统殡葬产品或服务的消费,占用土地资源过多,或者向空气排放的二氧化碳超过了一定的标准,即传统的殡葬消费会加重生态环境的负担,进而造成环境的恶化。在大多数情况下,消费者没有对其过度碳消费造成的污染承担责任,个人消费付出的成本小于社会成本。传统的殡葬消费就产生了消费的负外部性。

1. 传统殡葬消费对社会资源配置产生的负外部性

传统殡葬消费行为是指消费者偏好购买烧纸等高碳殡葬产品或者过度

消费占用土地资源的墓地，对高碳殡葬产品或者服务的消费倾向必然导致社会资源流向生产高碳殡葬产品的部门，从而造成了资源的过度使用和配置的不合理，进而造成资源配置效率的低下。由于公众对传统高碳殡葬的消费习惯和倾向，在实际的经营过程中，导致一大批高能耗、高污染、低效益的殡葬设施的兴建，形成了严重的资源浪费和配置不均。

如图 1-1 所示，MSC 和 MPC 分别表示边际社会成本和边际个人成本，因为传统殡葬消费存在负外部性，所以 MSC 等于 MPC 和 MEC 之和，MEC 为边际外部成本。MR 为边际社会收益曲线。MSC、MPC 与 MR 的交点分别为 $E_1$ 点、$E_0$ 点，$E_1$ 点为帕累托最优的均衡点。但是消费者根据其边际个人成本等于其边际效用的原则进行消费，不会考虑边际外部成本，即实际均衡点在 $E_0$ 点，商品的消费量为 $Q_0$，大于帕累托最优时的商品的消费量 $Q_1$，该传统殡葬产品存在过度消费。由于 MSC 为边际社会成本曲线，MR 是边际社会收益曲线，因此，在 $E_1$ 点社会净效益为面积 $P_1E_1P_2$。而在 $E_0$ 点时，即消费量从 $Q_1$ 点向 $Q_0$ 点移动后，资源配置效率损失的量为面积 $E_1E_0E_2$。可见传统殡葬消费需求过多，造成了资源配置效率的低下。资源得不到最优配置，社会福利就会损失。

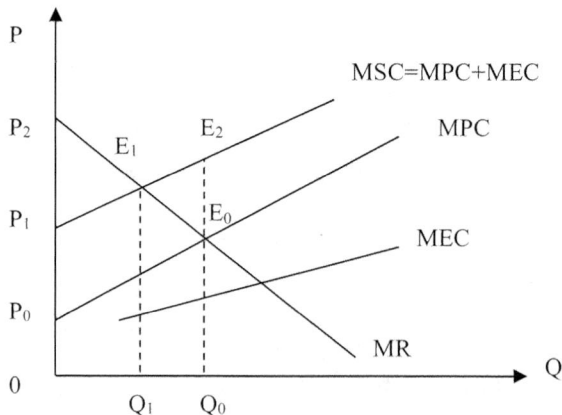

图 1-1 传统殡葬消费负外部性对资源配置的影响

2. 传统殡葬消费对"制造者"产生的负外部性

由于传统殡葬消费负外部性的存在，使其成本外部化，该产品的消费者不会考虑外部成本，而会使该殡葬产品的消费量大于帕累托最优的消费量。

如图 1-2 所示，MR 是与殡葬产品的需求曲线一致的消费者的边际效用曲线，MSC、MPC 分别表示殡葬产品的边际社会成本和边际个人成本。对于传统殡葬产品，边际社会成本大于边际个人成本，因此 MSC 在 MPC 的上方。帕累托最优点为 $E_1$，此时的消费者剩余为面积 $P_2E_1P_1{}'$；而实际均衡点为 $E_0$，此时价格从 $P_1{}'$ 下降到 $P_2{}'$，此时的消费者剩余为面积 $P_2E_0P_2{}'$，传统殡葬消费的负外部性"制造者"的消费者剩余增加了面积 $P_1{}'E_1E_0P_2{}'$。消费者剩余的增加，意味着消费者福利增加，也就是消费的传统殡葬用品越多，消费者的个人福利增加得越多。

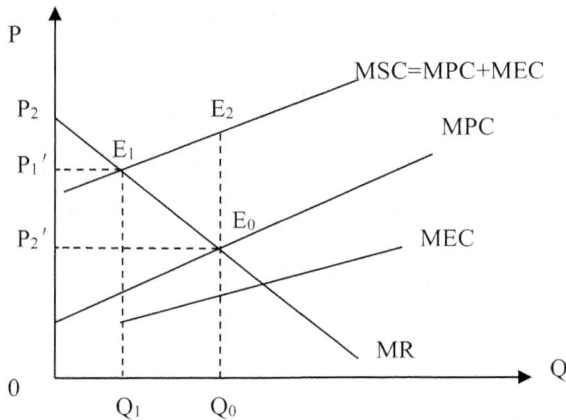

图 1-2 传统殡葬消费负外部性对"制造者"福利的影响

3. 传统殡葬消费对生产者产生的负外部性

从短期看，相较于绿色殡葬产品，公众受传统观念影响更偏好于购买传统殡葬产品。而根据市场的供给和需求理论，生产或提供该类殡葬产品的生产者能在短期内获得可观的经济效益，优于生产绿色殡葬产品的生产者，从而在市场竞争中取得优势。例如，比起树葬、花葬等生态安葬方式，公墓经营者更倾向于提供传统墓穴，因为从短期来看，传统墓穴带来的经济效益更高。但烧纸等传统殡葬消费，必然会造成污染，破坏生态环境。

从长期看，殡葬消费者的传统消费行为给生态环境带来的影响日益严重，从而减缓人类社会发展的速度。包含碳总量影响的企业生产函数：将自然界中的碳总量定义为 CD，那么自然界碳总量对生产函数的影响系数为 Z（CD）[①]，则企业生产函数就可以定义为 $y = Z（CD）f（k, l）$。其中，y 是产出；k 是资本；l 是劳动力[②]。当碳排放量未达到自然界的承受能力时，自然界可以通过自我调节达到平衡，其生产函数也不会受到影响，此时对于生态环境不需要进行整理；当碳总量大于其自然界承受能力时，生态环境会遭到破坏，为了保护自然环境，生产者必须从产出中拿出一部分来治理生态环境，此时 Z（CD）<1。自然环境被破坏得越严重，生产者治理生态环境的投入就越多。从长期看，考虑碳排放对生产函数影响后，边际成本上升，传统殡葬消费从长期看对生产者产生了负外部性。

**4. 传统殡葬消费对其他消费者产生的负外部性**

无论从主观上还是客观上，生态环境恶化对公众的身心健康产生的危害都是巨大的。如果其他公众受到殡葬消费者的殡葬行为活动所产生的外部性的影响而感到痛苦或者殡葬消费行为活动造成环境恶化，这就会减少其他消费者的福利。烧纸等碳排放量大的传统殡葬消费模式会使自然环境遭到破坏，环境污染会导致很多疾病；购买豪华大墓等大量占用土地资源的殡葬消费模式会导致"死人与活人争地"；在农村搭建灵棚会影响周围邻居的正常生活，减少其他消费者福利。因此得出结论，传统殡葬消费对其他消费者产生负外部性。

## （二）北京市殡葬行业推行绿色消费模式的意义

### 1. 殡葬绿色消费模式，有助于推动北京市生态城市建设

生态环境安全是国家的战略要求，生态文明是国家和城市建设的必然

---

① Armon Rezai, Duncan K. Foley 和 Lance Taylor（2010）给出了自然界中碳总量对生产函数影响的数学描述，本书采用了他们发表在 *Economic Theory* 上的文章 "Global Warming and Economic Externalities" 关于碳排放与生产函数之间变化规律的定义。

② 杨丽萍. 个人碳消费的外部性和可选择的治理方式 [D]. 沈阳：辽宁大学，2011.

要求。北京作为一个资源短缺、环境承载能力脆弱的国际化大都市,随着城市化进程的加快,环境问题日益严重,建设生态城市符合当前发展的实际需求。殡葬行业的葬前、葬中、葬后都存在对生态环境破坏的问题,如遗体处理不当、公墓乱建、焚香烧纸等。绿色消费模式,是推进殡葬改革的重要内容之一,有助于消除传统殡葬方式的弊端和减少对环境的污染破坏,逐步引导人们向更高的层次发展。绿色消费模式的构建,有助于解决北京市殡葬行业发展中突出的环境问题,推动生态城市的建设。

2. 殡葬绿色消费模式,有助于推动北京市殡葬行业可持续发展

北京市殡葬行业虽然可以基本满足市民的需求,但行业的发展也遇到了现实难题,比较突出的就是殡葬市场化服务不规范、占用土地资源、生态环境的污染严重等问题,殡葬行业的可持续发展受到阻碍。中国是世界上人口最多的国家,生态环境却日益恶化,环境承载超负荷,北京作为首都,人口密度极大,担负着规模空前的社会活动,面临严峻的生态环境挑战。而绿色消费模式,将生态与可持续发展的理念引入殡葬领域,必将成为殡葬行业发展的方向。北京市殡葬行业绿色消费模式的构建,有助于协调好行业、消费者和社会的关系,促进殡葬行业的健康、可持续发展。

3. 殡葬绿色消费模式,有助于规范绿色殡葬市场、提升服务水平

殡葬需求随着经济快速发展和科技进步呈现多元化特征,殡葬市场尤其在绿色消费领域,存在服务和产品单一、服务水平不高等问题,无法满足公众的绿色殡葬需求,损害了消费者的权益。绿色消费模式的推广能够有效解决这些问题。例如,通过绿色价格体系的规范使绿色殡葬服务和产品合理化;创新绿色殡葬服务和产品,满足公众绿色消费需求。

4. 殡葬绿色消费模式,有助于解决"死人与活人争地"矛盾

早在 2009 年,民政部就提出积极推广树葬、花葬、草坪葬等生态安葬办法,来解决"死不起"的问题,缓解土地紧张的矛盾。目前殡葬消费者的绿色消费意识和能力整体较低,不能对绿色殡葬产品或服务形成有效的需求,因此生态殡葬模式并没有被广大消费者接受。北京市殡葬行业绿色

消费模式的构建，有助于殡葬消费绿色化、生态化，缓解土地资源的紧张。

# 四、北京市绿色殡葬消费制约因素分析

## （一）政府方面的制约因素

### 1. 绿色生命文化建设滞后

生命文化是以生命价值为研究对象的一个新概念，指人们在殡葬活动中表现出来的一整套价值认知系统，具有自然性、社会性、精神性三个层面的特征。生命文化是包括风俗、心理、习惯、道德、信仰、艺术等多种学科、文化的复合体，是一切殡葬行为活动的思想源泉。目前，绿色生命文化建设滞后和生命教育的缺失，是绿色殡葬消费模式难以持续发展的重要原因。以唯心主义的"灵魂不死"为哲学基础和思想基础的传统殡葬文化有着深厚的历史基础，给殡葬活动带来浓厚的迷信色彩和相当程度的守旧意识。这种传统的殡葬文化是同绿色生命文化背道而驰的，不利于殡葬改革的推动和殡葬业的可持续发展，更会阻碍绿色殡葬消费模式的发展。此外，生命教育的缺失导致公众在面对死亡时感到无助，缺乏正确的死亡观和面对死亡的态度。在西方社会，生命教育较早受到重视，哲学家如海格尔的"未知死，焉知生"观点代表了一种积极面对生命终结的态度。相比之下，我国传统文化中对于"死亡"的讨论往往是被忌讳和排斥的，在面对亲人离世时，往往通过举行复杂和昂贵的传统殡葬仪式来表达对死亡的尊重，这不仅增加了经济负担，也与推广绿色殡葬理念相悖。

### 2. 缺乏绿色殡葬观念引导

政府对殡葬观念的引导是个系统工程，它涉及社会的各个方面。从引导主体上讲，本应涉及较为广泛的人群。例如，除了政府部门应设置专职的宣传人员，各个单位的党政领导干部、宣传部门，学校的教师乃至学生家长，均应是绿色殡葬新观念的宣传主体。从理论上讲，社会各界都在做观念引导工作，但从现实来看，却不尽如人意。在引导机制上尚未形成健全体系。绿色殡葬观念的引导，虽有民政部门通过报纸、广播、电视、网络进行宣传，但并未成立专门的宣传机构，更没有落实责任追究，呈现出无政府、无规划、无考核、无评价的随意状态，宣传活动不规范。从引导人员的素质上看，学历和素质普遍较低。由于社会历史原因、世俗观念的影响，殡葬从业人员和殡葬行业的管理者，整体素质仍然处于较低的水平，这就导致宣传的效果不理想。从绿色殡葬观念引导的内容上看，应从"殡"与"葬"两个角度进行引导。但目前只从"葬"进行引导，而忽视了"殡"的引导。就"葬"的引导而言，也只关注火化。观念引导本是一种日常教育，应该有严密的宣传教育体系和机制，而在现实中却明显缺位或不太起作用。

3. 政事不分，政府绿色管理失灵

在当前殡葬服务市场的管理中，政府采取了双管齐下的策略。一方面是"有形的手"，指按照国家法律、政策、制度严格管理；另一方面是借助市场这只"无形的手"。因此，政府是公共事务的责任主体，不应该干预私人事务，只执行公法意识，不影响私人意识，不允许公权与私利之间发生利益的交叉与联系。

根据《北京市殡葬管理条例》有关规定，本市的殡葬行业管理的主管机关是北京市民政局，负责条例的组织实施。各区民政局负责本区的殡葬管理工作。北京市民政局负责全市主要的殡葬管理事务，其不仅要负责全市殡葬事业的行政管理、行业管理，还要负责市属殡葬事业单位的经营管理工作。从管理主体上看，虽然北京市民政局等各级政府部门负责殡葬管理工作，仍面临政事不分、管办难离的挑战，以及在市场参与者、服务提供者和市场监督者之间角色定位的模糊。在市场运作中，出现了若干问题。一是民营殡葬机构非法运营。当前很多民营机构在没有取得行政许可的情况下，私自提供遗体接运、殡葬设备出租服务。殡葬服务公司非法定价、擅自收费甚至价格欺诈，哄抬殡葬服务价格，严重损害公众利益。二是非法殡葬中介扰乱市场。殡葬市场上的大量非法中介为了争夺市场，恶性竞争，通过价格低廉的"一条龙"殡葬服务吸引消费者。实际上，非法殡葬中介在服务过程中不断增加消费项目而提高殡葬消费，给殡葬消费者增添了经济负担，抹黑了殡葬行业在消费者心中的形象。三是公墓的违规运营。部分公益性公墓违规出售墓穴；部分私营公墓经营者为了赚取经济利益，追求经济效益的最大化，违规建设豪华大墓，推高墓地价格，违反墓穴关于预售对象、占地面积、使用期限等销售限制的规定，将其违规销售给消费者。非法公墓的违规销售行为，扰乱了公墓市场的正常经营秩序，侵害了殡葬消费者和合法公墓经营者的权益。

**4. 政府对绿色殡葬服务项目投入过少**

目前，殡葬行业总体上服务内容和服务手段都相对滞后，政府对绿色服务项目开发的投入过少。大部分殡葬服务机构，提供的殡仪服务内容只是一些传统的项目，在绿色的个性化殡仪服务、丧事策划、丧事指导等方面涉及较少。典型的例子就是目前大部分的遗体告别仪式是"三一三"模式（默哀三分钟，绕灵一周，三鞠躬），仪式相对简单，无法真正表达亲属对逝者的追忆之情。同时，由于"乐生畏死"的普遍认知，殡葬服务往往被隔绝于普通的社会服务范畴之外。在政府提出绿色建设目标，加大绿色项目投入时，往往将殡葬行业的科技改进和服务升级排除在外，使其"边缘化"。

**5. 绿色殡葬法律法规和政策不健全**

（1）绿色殡葬法律法规体系不完善

殡葬业是民生工作的重要组成部分，为了将殡葬业管理纳入法治轨道，1985年2月出台了我国第一部全国性的殡葬法规《国务院关于殡葬管理的暂行规定》，为我国殡葬业管理进入法治阶段奠定了基础。1992年8月出台了《公墓管理暂行办法》。1997年7月出台的《殡葬管理条例》标志着我国正式进入殡葬业法治化管理阶段。为了规范殡葬行业管理，北京市在执行《殡葬管理条例》的基础上，又根据本地区经济发展现状，制定了《北京市殡葬管理条例》。但我国目前还没有完整成文的殡葬法，国家行政法规、地方性法规也不够完善，法律规范的研究制定的任务还很艰巨。现行殡葬法规对殡葬经营服务市场监管方面缺乏规定，存在空白，致使殡葬产品价格混乱，出现殡葬市场上无证、超范围经营，遗体非法营运的现象，殡葬消费价格也因此常年居高不下。此外，现行殡葬法规调节的主体范围较广，注重原则性，殡葬管理主体机关执法权受到制约，殡葬管理部门往往没有独立执法权，且执法能力较弱，造成太平间管理混乱、黑中介盛行等违规违法行为的屡禁不止，导致殡葬服务和产品市场价格不稳定。

（2）绿色殡葬服务标准的缺失

近年来，国家及相关部门陆续出台了《关于进一步深化殡葬改革促进殡葬事业科学发展的指导意见》（民发〔2009〕170号）、《中共中央 国务院关于加快推进生态文明建设的意见》（中发〔2015〕12号）等一系列文件，对深化殡葬改革、推行生态安葬，保障基本殡葬需求起到了指导作用。但这些文件主要从宏观出发，对"绿色殡葬"缺乏微观详细的解读，绿色殡葬评价标准更是缺位。民政部虽然提出了"无害化""减量化""资源化"的基本要求，但没有可以依据执行的具体绿色殡葬服务标准，殡葬行业的"绿色"发展缺乏强制执行的依据，执行的效率较低。

6. 现行殡葬服务价格体系存在弊端

在殡葬改革初期的特定环境下，现行的殡葬服务价格体系对推动殡葬改革、维护人民群众基本的丧葬权益起到了重要的作用。但是，与当前开放的殡葬市场格局不相适应，其弊端日益显现，影响绿色殡葬消费模式的推广，阻碍了殡葬事业的可持续发展。

（1）殡葬服务价格体系构成不合理

殡葬服务收费项目作为事业性收费项目，始终坚持低利润甚至是保本的原则制定，殡葬事业单位的服务项目收入与其成本支出情况不匹配。一是现行殡葬服务或产品的价格没有充分考虑事业单位的经营成本。殡葬事业单位在人员工资提升、硬件设施改造、设备技术更新，以及殡仪车辆购置等方面的资金成本逐年增加，且由于对其的补贴逐年减少甚至被取消，所需资金基本靠自筹，成本压力增大。二是殡葬事业单位除了基本的殡葬服务工作，还需承担推行殡葬改革、殡葬宣传、扶危济困等管理职能，而政府尚未针对这些内容建立完善的补贴制度。

（2）殡葬服务价格调整机制不完善

《北京市行政性事业性收费管理条例》规定："事业性收费，是指事业单位和其他非经营性单位为社会提供特定服务，依据法律、法规实施的收费。"遗体接运、火化等属于基本殡葬服务，目前北京市将其列入事业性收费，实行政府定价。由于价格制定程序和听证制度比较复杂和严格，公众对殡葬产品或服务的价格决策的直接参与较弱，而物价管理部门对殡葬市场变化及殡葬消费者需求动态的反应滞后，因此不能及时对殡葬服务项目价格进行调整，造成价格调整机制不完善。

（3）殡葬服务价格管理体制不健全

北京市三项基本殡葬收费由价格部门制定，收费标准基本一致。但是，选择性服务和个性化服务是殡葬服务机构根据市场需求设置的，服务项目变化快、价格构成复杂，价格管理部门管理起来难度较大，基本上由民政部门制定并报送价格管理部门备案。目前殡葬市场经营主体呈现多样化、多元化，既有事业单位，又有民营资本、个体资本甚至外资资本。殡葬事业单位从事殡葬服务活动，需要严格执行"行政性事业性收费"，而非国有殡葬服务机构不受"行政性事业性收费"的价格标准的约束。由于殡葬法律法规尚不健全，监管力度不够，部分非国有殡葬服务机构存在收费不透明、乱收费、高收费、以次充好坑害消费者的现象，而消费者将这种现象视为整个行业的普遍情况，殡葬事业单位的声誉受到损害。因此，绿色殡葬产品的价格，也总会让公众认为是"不合理"的，影响绿色殡葬消费模式的推广。

### （二）殡葬服务机构方面的制约因素

#### 1. 追求利益最大化是殡葬服务机构的根本目标

追求利益最大化是多数殡葬服务机构的根本目标，因此经营目标还停留在仅是刺激殡葬消费者消费更多的殡葬产品和服务，整体观念局限于追求近期利益、微观利益，忽视了长期利益和社会利益。

（1）提高殡葬消费价格，扰乱市场秩序

由于民营资本的迅速涌入，自收自支的殡葬服务机构比例上升，加上殡葬服务（产品）的属性界定较为模糊，"市场失灵"问题较为突出。在社会主义市场经济的背景下，大量的营利性殡葬服务机构的出现和不正当的市场竞争导致了市场的混乱。为了在竞争中获得优势，部分民营殡葬服务机构采取了提高信息获取能力和追求经济效益的策略。例如，通过提高殡葬用品和服务的价格来增加利润、向员工提供销售提成等手段。在某些情况下，民办殡葬服务机构可能与医疗机构的相关人员合作，通过不正当的手段获取逝者遗属的信息，甚至误导消费者，这不仅侵犯了消费者的隐私权，也干扰了遗属的正常殡葬活动安排。此外，一些机构通过捆绑销售和提供"一条龙"服务的方式，人为提高了殡葬服务的消费水平，从中获利。这些行为不仅扰乱了正常的社会和经济秩序，损害了群众的根本利益，还助长了不合理的殡葬习俗和封建迷信活动，与倡导的文明、节俭的殡葬风尚相悖。

（2）绿色殡葬模式利润低，难以激发推广热情

绿色殡葬模式往往由于价位低廉、盈利少，很难激起殡葬服务机构经营者的推广热情。以绿色生态葬的推广为例，随着城市化进程的加快，北京市人口快速增长，死亡人数也逐年增加，但农村公益性公墓仅能安葬本村居民，而经营性公墓由于稀缺价格较高。虽然大多数公墓提供生态安葬，但由于多数生态葬法利润较低，销售人员更多地倾向于推销传统墓穴，很少会主动介绍生态葬法。同时，有些公益性公墓还存在违规经营的情况，将墓穴变相出售给非本村人员，严重扰乱市场秩序，令生态葬法的推广止步不前。

2. 科技资金短缺是绿色技术推广的障碍

殡葬服务机构由于提供火化和安葬服务，成为自然资源的消耗者和"三废"的排放者。殡葬服务机构根据"谁污染、谁治理、谁付费"的原则，需要治理污染并负担治理成本，但是资金短缺是污染治理的重要障碍。同时，殡葬行业是传统行业，科技先进性和创新性较弱，绿色殡葬产

品研制开发技术落后，缺乏专业人才，高科技的绿色殡葬产品和服务模式较少。由于殡葬服务与产品具有公共物品属性，殡葬科技研发周期长、风险大，市场转让成本高，因此，科技资金短缺既限制了殡葬服务机构进行绿色经营活动，又制约了绿色技术的转让与推广。

### （三）殡葬消费者方面的制约因素

#### 1. 绿色殡葬消费意识的缺失

殡葬消费意识是指一定时期殡葬消费者在进行或准备进行殡葬活动中表现出来的消费心理、消费方式等对殡葬消费总体的价值判断与评价，主导殡葬活动中的消费行为、消费倾向和消费选择，是推动绿色殡葬消费模式发展的内生动力。绿色殡葬的理念虽然已被提出多年，但公众对于它的含义、类别和优缺点不太了解，而且由于非绿色殡葬产品对社会的危害有一定的滞后期，消费者对推行生态经济和绿色殡葬的意义知之甚少，生态环保知识的缺乏导致其在殡葬消费过程中不会将生态因素考虑在内。同时，殡葬风俗具有极强的持续性，许多殡葬消费活动植根于久远的风俗习惯，与"绿色殡葬"背道而驰的殡葬传统封建思想在很多地区根深蒂固，以资源的高消耗、污染的高排放为代价的传统殡葬消费刺激了殡葬业的快速增长，但给生态环境带来了不可逆转的伤害。当前，绿色消费已成为潮流，更得到了越来越多的实践认同，但相较植根于公众脑海的传统殡葬理念而言，选择"绿色"殡葬服务项目的消费者寥寥无几。

#### 2. "厚葬"等传统思想的根深蒂固

根深蒂固的"厚葬"观念是推进"绿色殡葬"的最大思想障碍。从传统的丧葬文化看，丧葬礼仪是人生四大礼（冠礼、婚礼、丧礼、祭礼）之一，厚葬是我国传统丧葬礼仪的特点之一。孔子在《论语·为政》中主张："生，事之以礼；死，葬之以礼，祭之以礼。"丧葬礼仪是家人对逝去长辈的崇敬的一种体现形式。对于受到传统文化影响较深的市民来说，厚葬思想一时难以扭转，相互攀比、炫耀门庭之风盛行。"厚葬就是孝心的体现"是深入人心的道德准则，这种深入人心的道德评判标准使子女们在葬礼的消费方面缺乏理性，尤其在农村更是如此，一些民风民俗等非正式制度绑架了殡葬消费者的思想观念。殡葬活动，应该分为告别阶段和安葬阶段。目前，对于绿色殡葬消费模式，公众的认知仅仅停留在安葬阶段，即把骨灰埋入绿色陵园让逝者入土为安，基本忽视了绿色殡葬活动的告别阶段。而对于绿色安葬模式的选择，也基本是根据老人遗愿，否则，子女很少会主动选择。对于告别阶段，更多的人仍然认为应该"风风光光"地大操大办，而不愿意选择节约的生态告别形式。这种厚葬观念和"入土为安"的传统文化，使高碳高耗的浪费型葬礼、占用土地资源的传统安葬方式一直成为殡葬消费者的主要选择。

（1）"入土为安"情结

土地情结在国人心中极为重要。在古老的自然崇拜中，土地崇拜占有重要位置。"左宗庙，右社稷"，左宗庙，祭祀的是祖先；右社稷，祭祀的是土地。黄色，是土地的颜色，而我们中国是黄色文明。在中国人眼里，土地超出了物质形态的意义，是人类赖以生存的根本，成为安身立命之地。土地情结早已经渗入中国人的血液和细胞，是生命之根，成为文化的一部分，意识的一部分。寻根意识，成为中国人最朴实的意识；入土为安，也成为中国人最根本的情结。

在生态环境和传统文化环境的双重影响下，入土为安成为最常见的丧葬方式。女娲娘娘抟土造人的神话传说，使人认为人生于泥土而最终也应该归于泥土。受到汉传佛教的影响，人们在中国文化中引入了灵魂轮回转世的思想。佛教主流思想一般认为，逝者的肉体生命虽然消逝，但其精神生命是永恒的，一直存在于同一世界的某个位置。将逝者遗体埋葬入墓穴，就是将这种精神生命赋予一个有形的载体，而通过在墓穴开展的一系列追悼仪式和活动，就浅层次而言，可以得到逝者灵魂也就是精神生命的启示和保护；就深层次而言，可以与逝者的精神生命进行灵魂沟通，来感悟生命的宝贵和存续意义。几千年来，一处墓穴、一块石碑，在中国人心中就是祖先的象征，因而对它寄予了特殊的感情。虽然，以墓穴为基础的祭奠活动发展至今已有了比较大的变化，但作为精神生命的载体，其在中国人心中发挥的作用仍不容小觑。入土为安等传统伦理情感观念的影响几乎是根深蒂固的，因此人们对绿色的生态葬法接受程度往往会大打折扣。然而，随着现代文明的发展，传统丧葬方式面临诸多挑战，如土地资源紧缺、生态环境破坏、殡葬成本高涨等问题日益突出，虽然绿色生态葬法应运而生，但其接受度却受到传统观念的制约。这反映了传统文化与现代文明之间的冲突，凸显了殡葬领域的文化困境。

（2）孝道文化思想

孝，是几千年来的道德瑰宝，是中华传统文化的重要组成部分。历代华夏子孙都深深受到孝道文化的熏陶和影响。《孝经》说，"夫孝，德之本也"，即孝是一切德行的根本。儒家孝道文化提出"事死如事生""慎终追远，民德归厚"，不仅强调孝的重要性，还将其提升到社会治理高度。从春秋战国时代开始，历代统治者大力提倡孝道，孝在公众的道德观念中成为品德的衡量标准。在殡葬活动中对孝的理解和表达却出现了严重的偏差，认为孝就是要在父母的丧葬活动中用丰富的物质形式来体现，把表现孝道的方式与奢侈浪费的风气结合在一起，违背了孝道的真谛。简约、绿色的殡葬方式似乎与孝的观念相违背，因此不被大多数人接受。

（3）"灵魂不灭"的鬼魂观念

"灵魂不灭"的观念和崇拜鬼魂是造成厚葬的原因之一。"灵魂不灭"观念最早可以追溯到旧石器时代晚期周口店山顶洞遗址墓葬，人们在墓中的遗体周围撒上赤铁矿粉，寓意是给逝者新鲜血液，赋予其新的生命，希望亲人的灵魂到另一个世界能继续生存下去。原始人认为，当灵魂存在于人的肉身时，人就活着；当灵魂远离人的肉身后，人便死了。人的肉身有生也有死，但灵魂是永存的，只不过是已经不同于活人的灵魂，被称为"鬼魂"。这是人类"灵魂不灭"观念的起源，即鬼魂观念。墨子就认为："鬼神之有，岂可疑哉！"有些人认为，人死后灵魂依然存在，只不过是生活场所由阳间转入阴间，但同样也需要"吃、穿、住、行"。崇拜祖先就是灵魂（鬼魂）观念的直接发展，是对祖先生前的高尚品质及其鬼魂的崇拜，认为本民族祖先的灵魂是会在另一个世界庇佑子孙的。因此，人们不惜花费重金去讨好死者，祭鬼魂、祭祖，以隆重的殡葬仪式安置先人、以大量的物品给先人陪葬、以丰富的祭品虔诚地祭奠先人，以达到生者无愧，死者欣慰的目的。

3. 攀比炫耀和从众心理的驱使

攀比炫耀的心理是自我意识的一种本能体现。在福荫后人的美好愿景下，受到相互攀比的心理驱使，丧事已经从死者的事转变为活人的事。市场经济对人价值观的金钱化的强化与孝道的异化结合，财富的不断增加与风水观念的再度兴起，使许多人把丧事当成了炫耀财富、权力、地位的机会，导致了大操大办，使丧事的承办偏离了正常轨道。攀比炫耀的心理，会造成"只重形式，不重实质"的结果，变成了在丧事过程中大操大办的形式主义，淡化了道德情感在殡葬过程中的意义，成为健康绿色消费理念的绊脚石。同时，传统的中国社会是一个礼制社会，传承下来的殡葬风俗习惯，成为办理丧事的行为模板。由于对丧事流程和环节的迷茫，受到从众心理的影响，消费者往往要跟随前人的经验，造成厚葬和入土为安的思想代代相传。受这两种心理状态的影响，殡葬服务普遍是传统而奢华的。一些民营殡葬服务机构利用消费者的心理，提供奢华、传统的殡葬消费模式，提高了殡葬消费水平。

# 五、生态文明视域下北京市绿色殡葬消费模式的构建

绿色殡葬消费模式的构建，是一个涉及理念、技术、文化、制度等多方面因素的系统发展过程，实现人与自然、殡葬行业与社会的和谐发展，使殡葬消费文化与生态文化、生态环境协调统一，采用以政府、殡葬服务机构、殡葬消费者为主体的驱动模式和殡葬消费过程环环相扣的动力机制。

## （一）构建生态文明价值认同激励和保障机制，发挥政府绿色消费引导性功能

推动殡葬行业发展，政府往往从殡葬服务机构设施设备建设和提升服

务质量、满足和扩大消费者的个人需求入手，但未重视对殡葬服务机构和消费者的生态责任引导。这些仅强化殡葬服务机构主体经营观念和殡葬消费者主权消费观念发展，约束与生态文明相关的绿色观念发展，难以促进绿色殡葬消费和绿色殡葬行业可持续发展，因此必须加快建立生态文明认同激励和保障机制，发挥政府绿色消费引导作用。

对绿色殡葬消费行为的政府引导政策可以分为先行干预策略和后继干预策略。先行干预策略包括文化影响、宣传教育等对消费者殡葬消费态度产生影响的手段；后继干预策略，通过影响消费者的消费成本，从而干预消费的行为。政府引导政策又可以分为对殡葬消费者消费行为的正向激励与逆向激励。正向激励包括政府购买、政府补贴、税收优惠政策；逆向激励则主要是收费、征税政策，特别是对封建迷信、高碳的消费行为的加征税收政策。据此，建立了绿色殡葬消费行为的政府管制模型。

1. 增强生态文明价值认同，营造绿色软环境

运用多种手段，从观念和文化层面进行突围，营造绿色软环境，让公众认可多元殡葬服务新理念，接受绿色殡葬服务项目，使其意识到生态殡葬方式也能同样肩负情感传承的责任，甚至比传统土葬更能表达对亲人的追思。

（1）构建生命文化体系，引导绿色殡葬文化观念

生命文化源远流长且影响着公众的殡葬消费行为。殡葬活动本质上是文化活动，殡葬消费行为是文化的体现。现代生命文化建设是全面系统的巨大工程，是殡葬物质文化、制度文化、精神文化的协调发展。政府部门应引导人民群众客观地看待生命物质形态的消逝，看淡遗体的处置和安置，重视对逝者精神生命的传承和保存。通过对传统殡葬文化的去粗取精，结合人们新的生活理念和现代科学技术，树立和谐的生命文化观，构建生命文化体系，用现代生命文化观引导、教育公众选择绿色殡葬消费模式，积极推进"以人为本"为内涵的生命文化建设。以现代的、生态的文化手段和形式，向殡葬活动全过程渗透，形成生态、文明、健康的生命文化，是推行绿色殡葬消费模式过程中重要的文化建设。

（2）加强生态文明观念教育，使绿色殡葬理念深入人心

第一，建立常态化宣传机制，借助多种载体、多种形式广泛开展宣传教育。引导公众更新殡葬消费观念，通过加强绿色殡葬市场的创建，进一步普及绿色消费意识；发挥新兴媒体的重要作用，使绿色殡葬消费的宣传更贴近消费者、适合消费者。除利用电视、报纸等传统媒介大力倡导绿色殡葬之外，政府应普及网络、手机等新媒介宣传，例如，利用微博平台、微信公众号进行宣传，使传统媒介与新兴媒介优势互补；结合清明节、中元节、寒衣节等重点节日开展宣传活动，广泛宣传发展绿色殡葬消费、建立节约型社会的重要意义，推广绿色殡葬新方式；借助名人效应请形象代言人做绿色殡葬公益宣传，营造绿色殡葬消费良好的社会形象，使绿色殡葬消费的公益行为和价值深入人心。第二，针对不同群体开展有针对性的宣传教育，使绿色殡葬教育深入社区。例如，连续多年的清明节，天津市东丽区华明街道与华明天裕殡仪服务中心共同为社区居民举办了集体文明共祭活动。现场观看敬献百孝旗仪式，亲手填写追思卡等现代的祭奠方式，使社区居民抒发了对逝去亲人的思念之情，逐渐转变了传统的祭奠观念。参考先进经验，将绿色殡葬教育与社区活动结合起来。第三，充分发挥殡葬协会、消费者协会、环境保护协会等民间组织的作用，通过公众民主参与等方式，表达自身对于发展绿色殡葬消费模式的建议和看法，引导公众的绿色殡葬消费观念。

（3）加强生态道德教育，提高公众的绿色消费意识

大力增强全社会的生态道德意识，培养生态道德情感和责任感，把道德关怀引入生态环境，大力倡导崇尚自然、生态环保的理念，养成良好的生态道德行为习惯，促进公众整体素质的提高。将"厚养薄葬""生态环保"贯穿于整个国民教育体系。从娃娃抓起，在不同阶段采取不同的方式和方法，注意层次性。例如，幼儿阶段，使其认识到死亡是人的必经阶段，理解生命从诞生到消亡的大致过程。

（4）加强生态法治教育，规范公众的殡葬行为

通过宣传教育，使人们了解环保的相关法律法规，以及与绿色殡葬相

关的政策和文件。例如，2016年民政部等9部门联合印发的《关于推行节地生态安葬的指导意见》中就提出鼓励家庭成员采用合葬方式提高单个墓位使用率，推广生态葬等绿色殡葬模式。《北京市殡葬设施专项规划（2021年—2035年）》明确指出，严控型公墓指与禁止建设要素冲突较大的公墓。应停止新增建设，与禁建要素主管部门充分协商，进一步研究制订压缩用地、生态化改造、局部腾退或搬迁的具体方案。无法搬迁的公墓应加强已安置墓区的生态化改造，已安置墓穴租期届满后原则上不再续租，逐步缩小墓区规模，保留必要的配套设施用地。利用多种平台和媒介进行宣传，让公众了解绿色殡葬的趋势以及与自己切身利益相关的最新政策，从而更加自觉地选择绿色殡葬消费模式。

2. 完善法律法规和政策，引领绿色殡葬消费发展

殡葬行业是公共服务事业，是提供生命关怀的基本公共服务，更是民生的组成部分，符合生态文明建设的殡葬政策和法规是殡葬事业可持续发展的保障。殡葬行业绿色消费模式的推动，不仅需要长期的引导、教育并制定必要的道德标准加以规范，更需要政府和相关部门出台政策，制定相关法律法规进行硬约束。

（1）完善绿色殡葬法律法规

法律法规是人们参与殡葬活动的依据，《北京市殡葬管理条例》制定于1996年，至今已相隔近30年，虽然修订两次但主体内容没变。《中华人民共和国行政许可法》从2004年开始施行后，北京市殡葬行业出现了很多变化，现行的条例已无法适应，应加快推进修订工作。要从"理性的殡葬行为，积极的生态效应，和谐的文明效应"等方面进一步完善北京市殡葬法规体系，同时，将具有生态文明特质的绿色殡葬消费相关内容写入法规，以法规的形式加以确认，便于执行和实施监督，保证绿色殡葬的实施和健康发展。绿色殡葬消费的立法，围绕规制殡葬行为开展，首先提升殡葬消费行为的理性度，通过制度设计使殡葬消费回归理性；其次考虑殡葬消费者的行为，如何产生积极的生态效应；最后注意避免形成与文明的冲突，推动和谐的文明效应，使遗体安葬行为、缅怀追思行为、殡葬服务行

为符合绿色殡葬法定标准。

（2）出台绿色殡葬政策

在推动北京市殡葬行业向绿色、可持续方向发展的过程中，虽然已经制定了一系列指导性规范，为绿色殡葬的规划建设提供了制度化的框架，但关于绿色殡葬服务的具体政策措施尚显不足。应出台绿色殡葬政策，将殡葬行业节能减排纳入地方政府的"绿色经济"总体规划。对殡葬服务机构提出绿色要求，并以一定的行政执法为手段，配套相应的奖惩措施，保护、扶持、倡导殡葬服务机构的绿色行为。政府部门在引导绿色殡葬消费模式发展方向中发挥着重要作用，诸多的财政政策、税收政策激励着消费者选择绿色殡葬消费方式，应加强引导殡葬服务机构的绿色生产和营销，鼓励可再生能源的使用。

（3）制定绿色殡葬服务标准

政府应组织制定绿色殡葬服务标准，标准制定的范围应涵盖殡葬行业及相关行业中的全部服务和管理活动，将量化标准作为殡葬服务提供者和接受者双方检验服务水平的依据，绿色殡葬服务就有了操作性诠释和数据化指引，可执行到服务评价和行业准入等多方面。

（4）加强专业殡葬执法建设

政事不分的问题在殡葬领域已经造成了诸多乱象，在经营领域，这种低效率的运行方式也阻碍了正常的殡葬市场的形成与发展。为完善政府职能，除政事分家之外，应独立设置殡葬执法大队。在法律依据缺失和财政支持不到位的背景下，长期以来，民政部门缺乏专业的殡葬执法人员，多数执法人员属于事业单位编制，甚至有些执法人员的编制隶属殡仪馆、公墓，以经营人员的身份从事监管，监管工作很难顺利开展。应从政府民政部门、殡葬服务机构、国营公墓机构中将殡葬执法人员分离出来，成立专门的殡葬执法部门，成为殡葬行业进行监督检查的专业力量，并加大财政支持力度，让其尽快发挥应有的职能。殡葬行业的经营行为在监督下逐渐净化，日益规范，绿色殡葬消费在绿色的经营环境中得到发展。

3. 发挥经济杠杆作用，降低绿色消费成本

2009 年，北京市民政局在长青园骨灰林基地建立了首家城市公益性公

墓，并提供统一的公益性立体骨灰安葬服务（骨灰墙业务）。北京市财政局印发的《长青园骨灰林基地公益性立体骨灰安葬业务补贴办法（试行）》规定：长青园骨灰墙每个单格骨灰格位统一收取3000元，服务期20年。对重点优抚对象和享受本市城乡居民最低生活保障待遇的对象实行免费，所需费用由市财政负担；其他市民每个格位由市财政补贴1000元，由市民个人负担2000元。另外，北京市从2009年实行骨灰撒海"免费"，对逝者为京籍人员可免费进行骨灰撒海，包括提供免费纸质环保骨灰盒，举行免费骨灰撒海告别仪式等10项免费服务，并且2名随行逝者遗属可免费参加活动。2014年，北京对骨灰撒海的补贴由每份2000元提高至4000元，每一份骨灰免费随行遗属人数从2名增加到了6名。调查显示，骨灰撒海数量逐年增加，政策的激励引导作用逐步显现。

目前北京市殡葬行业绿色奖补政策仅体现在以上两种政策上，取得了良好的社会效益。但若要在全市范围内推广绿色殡葬消费模式，奖补范围还有待进一步扩大。例如，上海市为了节约土地资源，对选择海葬的市民采取免费策略，在免费的基础上再给予一定物质奖励；安徽铜陵市对于选择花坛葬、草坪葬的市民采取免费策略，同时免费给予技术支持。北京市可以参考成功经验，对花坛葬、草坪葬等成本较低且对生态环境能够确实发挥作用的绿色殡葬形式采取免费策略，或给予一定奖励。

4. 提供资金支持，鼓励绿色技术创新

殡葬科技创新是发展生态殡葬、推动绿色殡葬消费模式的关键支撑条件。政府提供必要的政策和资金，鼓励和支持研究机构和殡葬服务机构进行技术创新，选择代表性单位进行绿色殡葬科技的探索与运作。鼓励以生态环保为目标，通过对火化设备实施现代高效燃烧技术、全自动控制技术等绿色改造，实现火化设备无害化、自动化、节能化、绿色化发展。积极推动"绿色殡葬"发展，大力推行环保理念，保护、倡导、扶持殡葬服务机构的"绿色"行为，倡导新型遗体处理模式。

5. 理顺殡葬管理体制，推动殡葬事业单位转企

进一步明确各相关部门在殡葬管理、殡葬价格和殡葬用品生产销售等

方面的工作职责，理顺殡葬管理体制。民政部门把经营权彻底还给市场，主要承担改革、管理、监督等方面的职能，协调配合有关部门制止封建迷信、过度消费、乱埋乱葬，加强市场监管，通过制度约束和监督管理努力确保殡葬业的健康发展。目前，北京市殡葬服务机构多数还是事业单位，缺乏市场竞争的灵活性，显现出诸多弊端，严重影响了绿色殡葬消费模式的推广。按照《中共中央　国务院关于分类推进事业单位改革的指导意见》的要求，结合北京市殡葬行业实际，加快推进转企改制步伐，让经营性公墓和其他殡葬事业单位与政府部门脱钩，解除行政隶属关系。殡葬管理事业单位要切实履行殡葬管理和执法职能，不得从事殡葬经营活动，不应向殡葬服务机构收取任何管理费用。殡葬服务机构建立殡葬现代公司制度和法人治理结构，符合社会主义市场经济的要求，产权清晰、权责明确，拥有自主权和灵活性，适应社会主义市场经济的要求，着力推进殡葬事业单位内部管理体制改革，形成富有活力和效率的管理运营机制。灵活的现代殡葬企业机制有利于绿色殡葬产品和服务的开发和推广，绿色殡葬消费模式也更容易推广。

6. 政府购买基本殡葬服务，保障殡葬的公益属性和绿色属性

具有公益性质的社会服务机构，是殡葬服务机构的原本定位，但经过转企改革后，运营机制虽然越来越灵活，但由于要自收自支，经济压力日益加大。殡葬基础设施建设改造、殡葬设施设备更新、殡葬服务成本、员工的福利和工资，都要由殡葬服务机构自己承担，这就会造成殡葬服务机构把"追逐利益最大化"作为工作目标，客观上弱化了殡葬服务的公益属性而强化了逐利性。在经济压力下，必然会导致殡葬服务收费节节攀升，部分殡葬服务机构甚至会利用信息不对称，在遗属情绪低落时，大肆推销不必要的服务项目，甚至导致争夺客户、抢夺遗体等市场乱象。政府购买基本殡葬服务，是保障其公益属性的有效手段，同时对购买的基本殡葬服务，强调提供者的绿色属性。例如，火化炉符合环保标准，遗体接运注重人性化服务。可以逐步加大对绿色殡葬方式的鼓励，推行在北京市辖区范围内的户籍公民死亡后，自愿选择绿色安葬方式的，减免或免收火化、遗

体接运和骨灰寄存等基本殡葬服务费用；绿色安葬方式的购买费用，可以由政府承担一定比例。

7. 构建科学的价格管理体系，提供绿色殡葬消费平台

目前，北京市殡葬消费分为三个层次：基础性殡葬消费、选择性殡葬消费和个性化殡葬消费。基础性殡葬消费部分，包括遗体接运、存放、火化、骨灰寄存等，由政府定价；选择性殡葬消费部分，包括遗体清洗、整容、防腐、悼念等与火化遗体相关的内容，实行政府指导价；个性化殡葬消费部分，完全由市场运作，该方面的消费由配套殡葬物品的选择、服务人员的数量、殡仪程序的繁简程度及规模等来决定。殡葬消费者对殡葬服务收费的种种非议，除了与殡葬服务收费标准有关，还与是否有完整的殡葬服务收费价格体系和透明的收费行为及监督机制有关。而绿色殡葬产品或服务的价格能否正确地被消费者认知也取决于是否有完善的价格体系。

（1）管控基础性殡葬服务，纳入事业性收费

对于遗体接运、火化、骨灰寄存等基本殡葬服务项目收费继续纳入事业性收费，由北京市价格管理部门统一严格管理，执行政府定价，启动听证程序。同时，将民政部门纳入价格制定的主体范围，根据殡葬消费者的消费水平和情况适当进行调整。由北京市地方财政对殡葬事业单位基本丧葬服务实行补贴，可以通过政府购买、财政补贴等多种形式，既推动绿色殡葬改革，又推动环境保护设施设备的建设，同时稳定的价格也有利于绿色殡葬消费模式发展，确保殡葬行业的可持续发展。

（2）平抑选择性殡葬服务价格，加强价格监督

对于遗体整容、告别、墓穴续租等群众需要的殡葬服务项目继续执行政府指导价，并上报北京市价格管理部门备案，价格管理部门承担监督检查的责任，尊重遗属意愿、清理规范殡葬服务收费项目，明确殡葬服务程序和选择流程，公开服务收费项目和标准，避免强买强卖行为发生。重点关注选择性绿色殡葬服务项目价格的规范性，加强监督，提高消费者对绿色殡葬服务项目的信任度。

（3）用合同规范，调控个性化殡葬服务

个性化殡葬服务项目，从满足不同消费层次客户的特殊需求出发，由殡葬服务机构及殡葬消费者通过洽谈和协商确定，并通过合同或协议的形式予以确认。个性化殡葬服务与需求性殡葬服务一并纳入经营性服务范围，收费单位应符合税法的规定。

（4）发挥殡葬事业单位价格调节作用

殡仪馆、骨灰堂、公墓等殡葬事业单位，以"为人民服务"为宗旨，大力开展便民服务和"一站式"服务。要求其及时申报收费项目，公示财政状况，严格执行政府定价和指导价，尽量降低绿色殡葬用品市场调节价，发挥平抑殡葬服务价格的作用，规范绿色殡葬服务项目和收费，保证价格合理的中低档绿色殡葬用品足量供应，同类绿色殡葬产品或服务的价格不高于市场价。

8. 优化社区环境，做好临终绿色引导

随着我国人口老龄化问题日趋严重以及人们对生存质量的关注日益增强，街道办事处、居委会应该承担起破除封建迷信、弘扬尊老敬老、厚养薄葬、丧事简办的调节和引导作用。殡葬工作要充分利用社区资源，形成多方合力，宣传临终关怀开展的迫切性，绿色殡葬消费的必要性，倡导社区殡葬新风。目前，北京市殡葬领域基本没有在社区建立的服务机构，应积极筹建一个"社区殡葬服务"的网络体系，通过在社区成立殡葬服务网点，为市民提供生态环保、快捷便利、价格合理、服务周到、群众满意的殡葬服务。把临终关怀作为殡葬服务的一个重要项目，通过电视、报纸、网络、宣传栏等宣传方式让社区的群众认知并接受。殡葬工作者，要加强与社区的沟通与交流，及时了解社区动态，对现代医学治愈无望的临终病人，使其能尽量舒畅、愉快地度过生命的终末期，在为其提供心理支持服务的同时引导病人及其家属正确认识绿色殡葬消费的重要意义，节俭环保地安排自己的身后事。可以在社区居委会（村委会）、医院等设置专门人员，向殡葬服务机构及时（家中6小时内，医院2小时内）报告死亡人员基本信息，并做好事前劝导及引导工作。

### 9. 正视殡葬本质，提高殡葬服务附加值

殡葬作为人类社会早期对遗体处理行为的延伸，历经时间沉淀，已蕴含了深远的文化意蕴和社会价值。随着人类文明的演进，殡葬不仅仅局限于死者遗体的处理方法，而是进一步发展成为一种重要的社会文化活动，通过殡葬仪式的实施，不仅体现了对逝者的敬意和怀念，更是一种对生命意义的深度反思和传达孝文化的重要方式。现代殡葬，虽然在形式和实践上受到西方文化的影响，实现了古今殡葬习俗的交融与发展，但其基本职责——处理遗体、承载和延续文化价值的核心并未发生变化。在当下社会背景下，面对新的时代要求，现代殡葬承担的使命和功能应当更为丰富多元。它不仅是对逝者进行物理意义上的安置，更是一个通过仪式化的活动，引导社会公众深入思考生命的本质和价值，促进对生命尊重和价值追求的社会共识。殡葬仪式，作为一种文化传递的渠道，应该被赋予教育和启发的功能，通过对生死观的深刻探讨，帮助生者理解生命的尊严与意义，激发其对生活的热爱和对社会责任的担当。因此，现代殡葬服务的核心使命，在于通过严肃、庄重而充满深意的葬礼仪式，搭建起一座沟通生与死、过去与未来的桥梁，让参与者在送别逝者的同时，得以反思和确认生命的价值和目标。这要求殡葬服务不仅要注重仪式的形式以及对逝者的尊重，更要通过这一过程，传递生命教育的理念，引导公众构建正确的生死观，提升社会的整体文明程度。从这个角度出发，认识到殡葬仪式中的教育和关怀生命的功能，成为提供高质量殡葬服务的基石。

要改善殡葬服务较差体验，重塑殡葬服务良好形象就必须做到兼顾尊重逝者和关心生者。要让逝者被妥善安葬，让生者了无遗憾，既要安葬逝者，也要安顿生者，但重心还应是安顿生者，因服务是从"曾经的生者"延续到"现在的生者"。因此，殡葬机构和服务人员应当重树殡葬服务理念，提升服务技能，更要苦练内功，既要做到让逝者体面地、有尊严地走完人生最后一程，还要关注遗属的情感变化和需要，抚慰他们的丧亲之痛，进而让他们从丧礼中经历一次珍视生命、珍爱生命、认知生命意义的洗礼，过好以后的生活，关爱亲人，传递热爱生活、和睦善亲的生活态

度，刷新遗属对殡葬服务的体验感受，在实践中体现"人文殡葬"，从而获得民众对殡葬业的认可和尊重。

10. 开展殡葬收费和价格政策专项研究

殡葬服务收费管理办法在加强殡葬服务收费管理、规范殡葬服务收费行为、维护消费者和经营者的合法权益，进而推动殡葬事业健康发展方面的作用是无可替代的。我国的许多省份都有专门的殡葬收费或价格管理办法，基本明确了殡葬服务的分类、定价管理、殡葬基本服务等项目的直接成本要素以及定价机制和价格调整机制。加快北京市殡葬收费制度创制，健全殡葬管理服务收费和价格管理体系，保障殡葬服务市场平顺发展的需求已经十分迫切。

科学合理的殡葬收费（价格）管理制度是保证殡葬服务价格水平稳定、协调，维护价格秩序、规范殡葬收费的重要支撑。北京市殡葬服务收费（价格）管理制度的创制，在操作层面应当注意三个方面。一是基于殡葬服务流程，合理确定定价管理。基于巩固殡葬服务公益性考虑，按照项目的重要程度，将殡葬服务全流程分别纳入政府定价、政府指导价和市场调节价的管理范围。通常情况下，最基本的、适应未来殡葬改革趋势的服务项目应当纳入政府定价，保障基本公共服务供应；与基本服务项目密切相关、对殡葬改革有积极作用的纳入政府指导价管理范围，兼顾殡葬服务公益性和经营性；其他的纳入市场调节价管理范围，但需要政府部门对其进行有效监管。二是基于实际成本的研究，确定服务项目的定价。前文提到，成本是服务或产品价值的基础，决定了服务或产品价格的最低界限，如果定价严重偏离了成本就会破坏服务市场的良性环境，因此，殡葬服务的定价必须建立在实际成本或直接成本的研究分析基础之上。殡葬服务项目种类繁多，单项服务的成本也涉及多种因素，且因素之间存在关联性，也比较复杂。全面归纳每一项影响服务的重要因素，才能建立保证客观体现实际的价格模型。基于价格模型的构建，核算殡葬服务项目的实际成本或直接成本，找到殡葬暴利或殡葬高消费的症结，为解决问题"有的放矢"。成本研究和成本核算是一项极为复杂且专业的工作，需要民政部门、物价管理部门的通力协作，并吸纳第三方专业机构共同参与才能确保过程和结果的公正性、准确性。三是价格管理应当适应社会和市场变化，需要建立动态的调价机制。动态调价的目的是通过调整服务价格反映服务成本的变化，避免因成本变化引起价格矛盾，影响殡葬服务市场的正常运行。影响殡葬服务价格的因素包含经济水平、社会发展、竞争关系、法律约束等，因此调整服务价格时，不可单一关注成本变动，还应当综合全面考虑其他变量。价格调整不宜频繁或固定，应当由民政部门、物价部门、财政部门等根据实际环境的变化进行评估后严格按照法定程序推进。

### （二）构建生态文明价值实现和创造机制，发挥殡葬服务机构绿色消费创新性功能

#### 1. 转变经营理念，承担社会绿色责任

绿色殡葬消费模式，要求殡葬服务机构以变革经营理念为引领，从传统的注重管理服务向注重经营服务的方式转变，从资源消耗型发展模式向服务延伸型转变，从各自为政向承担社会责任的经营理念转变。《关于进一步深化殡葬改革促进殡葬事业科学发展的指导意见》指出，我国的殡葬改革在从传统殡葬走向现代殡葬的转型和跃进中，民政部对殡葬业担负起社会责任提出了更高的要求。作为社会形态和经济结构中不可或缺的一个重要"板块"，殡葬服务机构必须履行其社会责任。在循环经济、低碳经济背景下，从满足公众的基本殡葬需求延伸到节约资源、保护生态环境。殡葬业应承担的社会责任是体现"绿色殡葬""和谐殡葬"理念，在满足公众殡葬需求的同时，积极主动承担起推动社会进步、节约土地资源、保护生态环境、构筑殡葬活动的和谐环境与氛围，推动殡葬行业可持续发展，建设"和谐社会"的责任。

#### 2. 跨界创新殡葬技术，丰富绿色殡葬服务

殡葬服务包括殡葬活动整个过程的全部社会服务，包括丰富的服务项目，殡葬消费需求也多种多样，因此殡葬服务不能仅仅满足于应付基本殡葬需求，而是要适应多元的殡葬需求，适时地进行改革，并大胆跨界创

新。例如，殡葬跨界生物界，将不可规避的生命的"消亡"与生物界的"新生"完美融合。一位法国设计师设计出一种独特的"生命轮回"棺材，棺材采用一种可降解的材料，降解后能提供丰富的肥料。棺材顶部是一个存放种子的存储器，植物种子受到肥料的滋养而迅速发芽、成长，长成一棵漂亮的纪念树。用一颗生命种子的成长寓意死亡只是一种转换，是另一种形式的重生。

通过现代殡葬技术的升级与创新，最大限度地减少对能源的消耗，减少对生态环境的破坏，减少二氧化碳等温室气体的排放。在殡葬服务过程的每个节点进行能源消耗控制，不断进行技术改革和产品升级，努力将遗体处理带来的资源消耗、大气污染等不利因素减到最少；加大殡葬科研经费的投入，通过自主研发或技术引进，实现殡葬服务项目由传统的以逝者为中心逐步向以遗属为中心的转变，着力满足遗属的心理需求，达到殡葬服务方式和产品的生态化目标。例如，进一步推动骨灰减量，遗体火化是将遗体进行无害化、减量化处理的过程，所剩骨灰是遗体重量的1%，体积的10%，可以进一步通过压缩技术使其在数量和重量不变的前提下，体积进一步缩小，从而为墓地的进一步小型化提供基础。同时，北京由于人口多，且受到地理条件的限制，只能通过创新葬式葬法来缓解丧葬压力，墓穴面积小型化、立体化、生态化将是墓地发展的趋势。探索多种更环保、更人性化的遗体处理方式，加强草坪葬、花坛葬、海葬等节约资源安葬方式的供应和宣传，尽量减少钢筋、水泥等建材和耗材的使用。例如，发展立体家族墓的安葬方式，即在原有的墓地空间葬入逝者的后人。将墓地向地下的空间探索，提前向下延伸一定深度或者是当有后人葬入的时候，再进一步深挖，充分利用纵向空间。

3. 实行循环使用机制，强调绿色使用价值认同

生态文明价值认同的核心是强调殡葬产品或服务的使用价值认同，而非所有权价值。殡葬活动带来的自我利益和生态利益越多，生态文明价值认同度就越高，吸引的消费者就越多。绿色殡葬产品或服务，应该具备使用时间长、频率高、低碳节能的特征。而对那些使用时间短、频率低的产

品可以采用租赁方式，例如花圈、水晶棺围、唱佛机等。对于传统公墓占用的土地资源，应拥有同样的思路，强调墓地的循环使用。目前，北京市的福田公墓、万安公墓等很多比较老的公墓都存在"无主墓""死墓"的现象。很多墓地到期后无人续租，或者已经多年无人祭扫，但由于缺乏有效的处理机制和办法，大量的土地资源被占用。1998 年，民政部出台的《关于进一步加强公墓管理的意见》，规定墓地和骨灰存放格位原则上一个使用周期为 20 年，而根据规定，北京市的公墓最长续租时限也是 20 年。北京市殡葬行业发展规划中虽然提出"对于租用合同到期的传统墓穴原则上不再续租"，但对于如何操作，尚未有具体的实施细则。应出台统一的处理规定，例如，对到期的传统墓穴、无人认领的或不续缴管理费的墓穴或骨灰格位，举行简约而隆重的集体告别仪式后，采用集体深埋或立碑的方式，既体现了对逝者的尊重，又节约了土地资源。

4. 进行绿色殡葬转型，拓展生命文化增值服务

殡葬服务通过"遗体处理"和"仪式悼念"处理生死的过渡，为公众提供一种理解生死的途径。公众因亲人去世而产生的消极情绪，是需要通过殡葬活动进行抚慰的，同时在此过程中也会对自身行为进行重新的思索和定位。殡葬服务以何种形式，对死亡进行掩饰和修饰，减少对遗属的心理冲击，思想和文化是公众选择殡葬服务形式的关键。殡葬改革应该从思想源头着手，转变保守落后的传统殡葬观念，走出"遗体处理"和"仪式悼念"的传统殡葬模式，在可持续发展观和绿色理念的指导下，将落后的殡葬文化抛弃，用现代化的绿色生命文化取代旧的、带有迷信色彩的殡葬习俗文化，树立推动生态文明发展的绿色殡葬观念。转变殡葬行业传统的高能耗、高排放模式，增强其生命文化内涵，大力开发绿色殡葬文化产品和服务，使其成为一个充满创意与热情的行业。转变生命"保存方式"和"保存理念"，创新殡葬文化消费，在殡葬消费活动中注入文化元素，为公众提供丰富的殡葬文化产品或服务，减少殡葬活动对物质的消耗和对环境的污染。例如，可以通过一段影像、一段文字，或是一篇事迹来追忆逝者，将这些生命印记以"生命相册""生命故事"等生命档案的形式来体

现，既凝聚了逝者的生命故事和生活意义，又丰富了殡葬活动的文化内涵。尊重每个生命，通过对无形生命财富的发掘、整理和保存，制作成有形的殡葬文化产品，超越时空的界限，缅怀和追思先人，其对灵魂的净化作用远远超越机械地参加殡葬活动。

5. 转变殡葬服务机构功能定位，增强文化内涵

殡葬服务机构的建设，正处于由粗放式向精细化经营模式转变，由单一的殡葬服务功能向多元化社会功能转变的关键时期。站在更高的视角，积极探索殡仪馆和公墓功能的重新定位，突破殡仪馆"接运、告别、火化"和公墓"安葬"的传统功能定位，将以逝者和遗属为服务对象扩大到全体公众的范畴。将原本"阴森恐怖"的殡葬服务机构建设成"感悟生命""思考人生"的生命教育基地和文化、艺术、休闲的综合功能设施，实现优生和优死教育，让人们意识到生命的意义和价值，并正确地对待死亡，认可生命传承的真谛是精神的永生，弱化死后对奢华物质消费的追逐，从而接受绿色消费方式。殡葬服务因为服务对象范围的扩大拥有更为广阔的空间，生命文化的内涵也得到升华，绿色殡葬产品或服务项目的开发也因此拥有更多的动力，满足多层次的殡葬消费需求，大幅提升公众满意度。拓展生命文化传承和情感抚慰的延伸和增值服务，在殡葬领域开创生命教育基地、文化教育基地。例如，北京的八宝山革命公墓的任弼时纪念广场、万安公墓的李大钊烈士陵园、长青园的遗体捐献者纪念碑；四川省眉山市殡仪馆为满足人民群众日益多样化的治丧需求，创建多个平台多层次构建生命教育文化，开展生命教育，将殡仪馆打造成具有"珍爱生命""孝亲敬老""廉洁清明"教育功能的生命教育基地；国内其他地区殡葬服务机构兴建的百家姓广场、知青广场、新四军纪念园、辛亥革命纪念园等，这些主题教育基地发挥了生命教育价值，不仅吸引了大批公众选择园区的产品，同时也成了公众接受道德教育，进行生命感悟的重要场所。因此，公墓应建设规划主题园区，主题园区要注重开发低碳、绿色殡葬模式，让老百姓在接受主题教育的同时，自愿选择低碳、绿色的殡葬产品或服务。

### 6. 改变盈利模式，提供绿色发展动力

如何让殡葬服务机构关注绿色营销，推广绿色殡葬服务和产品，利润是关键。殡葬服务机构可以从以下几个方面入手。第一，规划生态安葬方式，使其盈利。单纯的生态安葬方式，创造利润的能力较低，但可以将生态安葬方式与个性化服务和产品结合。例如，在生态安葬时，为客户提供个性化安葬仪式，既可增加利润，又可满足殡葬消费者个性化的需求。第二，丰富祭祀活动。从时间上，可以从每年的清明节集中祭扫，拓展到中元节、寒衣节等特殊时间；从场所上，可以将仅在逝者墓地祭扫，拓展到骨灰撒海纪念碑等举行集体祭奠活动；从祭奠形式上，可以将传统祭奠，拓展到代客祭扫等新型祭奠模式。第三，开展教育、旅游项目。将殡葬服务机构建成生命教育基地，主要面向高校、社会公益组织、社区及社会上有需求的市民群体等，开展一系列生命教育活动，提供生命博物馆参观、传统文化培训、生命文化教育、"死亡"体验等教育活动内容。例如，2007年北京天寿园建设了全国第一座以弘扬中华优秀传统文化、推动社会和谐发展为目的的生命教育馆，标志着我国生命教育领域一个新的创举。2016年上海龙华殡仪馆建设了上海首个生命文化教育基地——"爱·龙华"，是集殡葬文化传播、生命感知与互动体验于一体的综合生命教育和宣传场所。

### 7. 推动"生前契约"绿色发展，改变消费习惯

生前契约虽然在我国尚未普及，但在美国等地已经拥有成熟的产品和市场。《殡葬绿皮书》将"生前契约"定义为"消费者与生前契约者订立契约，双方约定当消费者或其指定的人死亡后，其丧葬后事由这家生前契约者来负责"[1]。我国目前对于殡葬事宜的处理，基本是亲人离世后，家人才开始操办，往往显得手足无措，多数是在殡葬服务机构的指导下，草草地将殡葬事宜办结，甚至一些黑心的殡葬中介和服务机构利用消费者信息的匮乏，大肆提高服务收费，给消费者造成了巨额的消费负担，这样的殡葬活动方式缺乏保障性，更无暇顾及殡葬行为的绿色性。可以借鉴生前契

---

[1] 杨荆生. 台湾殡葬生前契约的发展与趋势 [M] //中国殡葬事业发展报告. 北京：社会科学文献出版社，2013：257-269.

约的成功经验，将殡葬规划与现代人的消费需求结合，为迎接完美的生命旅程终点而提前规划。生前契约一般由殡葬服务机构以类似于保险的形式出售，不仅可以为家中老人购买，还可以转让一次，购买后价格是固定的，同时提供的是之前根据购买者的要求精心设计的个性化服务。随着丧葬活动的各项费用逐年上涨，即便是在北京市政府有补贴的情况下，消费者依然面临较为沉重的经济负担。而提前购买生前契约，既能够防范突发事件的发生，同时能以当前较低的购买价格，拥有未来增值数倍的专业服务，这样就会从一定程度上减轻消费者的经济负担。在与消费者沟通契约服务项目时，殡葬服务机构应注重对绿色服务项目的引导，同时，对于消费者自愿选择以绿色殡葬服务项目为主的生前契约，政府应以补贴等形式给予鼓励。

### （三）构建生态文明价值认同机制，发挥殡葬消费者绿色消费主动性功能

1. 增强生态文明价值认同，发挥带动效应

绿色殡葬消费不仅是政府或殡葬服务机构的事情，还是与我们每个人息息相关的，而价值观偏颇、绿色意识薄弱是造成殡葬消费污染的重要原因之一。绿色殡葬消费价值认同是生态文明价值认同与自我价值认同的融合。生态文明价值体系下，人自我价值的体现不仅是在世的时候发挥社会功能，做到与自然和谐共存，还是在离世后遵循"源于自然，归于自然"的规律，不与后代争夺有限的资源，整个生命历程都遵循绿色化、简约化原则。在自我价值认同的前提下，将生态价值融入价值认同体系，将会激励绿色殡葬消费行为。通过挖掘殡葬消费活动中的生态价值与绿色消费活动的契合点，从高知、高收入的客户群、接受新事物较快的年轻人入手，发挥典型人物的带动效应。

2. 参与绿色殡葬产品价值创造，承担生态责任

殡葬产品价值创造是殡葬消费者和生产者互动的过程，促进殡葬消费者参与绿色殡葬产品设计、生产，不仅使殡葬产品满足消费需求，也有利

于增强绿色殡葬产品的竞争力，可以从以下几方面入手。第一，更新绿色参与理念。消费者和生产者的利益博弈关系转变为利益共享关系。殡葬服务机构可以将消费者定位为短期员工，根据殡葬消费者的知识水平和技术能力，以及消费者与生产者合作情况，确定参与的环节和方式，实现殡葬消费者与殡葬产品设计、研发及生产过程的零距离接触。第二，拓宽绿色参与途径。可以发挥互联网平台公开、透明、灵活的优势，也可以发挥殡葬协会、新闻媒体等组织性的优势，多途径参与。第三，促进智力与情感绿色参与组合。由于殡葬消费活动的特殊性，殡葬消费行为包含着"对死亡的认知""情感抚慰"等情感因素。在参与殡葬服务机构的生产过程中，除了智力支持，还应该提供情感支持，尤其是在对情感支持的需求较多的营销环节。

### 3. 形成"厚养薄葬"观念，回归理性消费

"厚葬厚祭"的风气，主要缘于人们对传统孝文化的错误解读，认为只有"厚葬厚祭"才能体现对长辈的孝心。中华民族尊老敬老的优良传统传承至今，深入人心。但是不能在长辈真正需要照顾和关心时表现冷漠，只在父母去世时，大肆铺张地办丧事，这违背了"孝"的真谛。需形成"厚养薄葬"的观念，把对长辈的尊敬和孝顺体现在日常生活中。厚养，指的是当长辈在世时认真地孝敬他们，悉心地照顾和赡养他们，使其安度幸福的晚年。薄葬，就是长辈离开人世时，本着节约的精神，反对奢侈浪费。殡葬的意义是体现对生命的尊重和逝者精神的传承，虽然采取薄葬的方式，但可以通过传承逝者的良好品德，获得生命的归属感，体会到生命的意义。在当今精神和物质都极为丰富而快速发展的时代，我们更应认识到"薄"葬同样是对逝者的尊重。随着生态文明意识的兴盛，树葬、草坪葬、花坛葬等绿色殡葬方式相继被推出，会有更多人青睐生态环保理念与方式。

同时，对回归理性殡葬消费的倡导，有利于缓解消费污染。人们应该积极地行动起来，将绿色消费方式内化为绿色消费意识与理念，摒弃不良的传统消费行为，如攀比消费、铺张浪费、奢侈消费等，给生态环境造成

严重破坏的同时也不利于公众生活质量的提高。消费者在殡葬消费过程中一定要树立正确的消费价值观，选择对生态环境有益的产品。只有公众从内心深处真正接受"绿色"理念，破除封建迷信和传统思想的禁锢，彻底摒弃陈旧的观念和习俗，考虑生态环境承载力，倡导理性消费，追求低污染、低浪费，崇尚适度殡葬消费和绿色殡葬消费，建立一种可持续的消费模式，绿色殡葬消费模式才有可能成为主流趋势。

4. 选择文化性殡葬消费，注重生命传承

殡葬消费实质上是一种象征性消费，包含两层含义：一是"殡葬消费的象征"。通过殡葬消费来传达一些象征信息和意义，包括身份、地位、孝心，殡葬消费的过程，也是社会关系互动的过程，公众往往通过社会关系亲疏、意图做出消费行为。二是"象征的殡葬消费"，消费的殡葬产品或服务，不仅消费商品本身，而且其蕴含着深层的象征意义，即对逝者的情感表达的社会文化意义。也就是说，殡葬消费的根本目标是情感的表达，并不是殡葬产品本身。因此，绿色殡葬消费的推广，应尽量减少物质性殡葬消费，鼓励文化性殡葬消费。北京市公众的殡葬消费，仍集中在物质性消费层面。家庭的殡葬消费，主要集中在"豆腐宴"等宴请消费；殡仪馆内的殡葬消费，主要集中在购买纸棺、寿衣、骨灰盒等殡葬用品消费；公墓的殡葬消费，主要集中在墓地购买消费。而文化性消费，特别是现代的、绿色的文化消费则十分不足。在传统观念的影响下，传统的以物质性消费为主的殡葬消费，造成了极大的浪费和环境问题。公众应逐渐将消费视角转向文化性殡葬产品或服务。例如，将逝者的生命，分为血缘性生命和事业性生命，以时间为轴，通过梳理逝者的一生，制作生命纪念册，形成逝者的生命档案，将其精神生命永久保存，将殡葬消费习惯逐渐向以"生命的传承"为主题的文化性消费转变。

第二章

# 绿色殡葬营销

殡葬改革的主要任务就是要建设以"绿色、阳光、惠民、人文"为核心的现代殡葬，开创殡葬改革崭新局面。绿色营销，以消费者的绿色福利为中心和出发点，以环境保护观念为经营思想，以绿色文化为价值观念，对推动殡葬行业可持续发展具有重要的意义。树立绿色发展理念，加快构建资源节约、环境友好的生产方式和消费模式，增强可持续发展能力，提高生态文明水平。

　　传统殡葬模式对土地资源的侵占严重，耕地、林地可利用形势日趋严峻，生态环境日益恶化，改革旧的殡葬习俗，推行绿色营销战略势在必行。同时，利用鲜花、网络等环保绿色形式祭祀先人也成了近几年流行的祭祀新风尚。

　　北京市殡葬行业的绿色营销战略发展至今已经取得了一定成绩，随着环保观念的提升，绿色殡葬消费也逐步得到了消费者的认可。但北京市殡葬行业的绿色营销战略实施仍存在一些问题，如殡葬市场绿色需求过低、殡葬服务机构缺乏绿色营销观念、绿色营销宣传力度不足、绿色殡葬产品或服务创新能力较低、政府对殡葬行业绿色营销的支持不足等。针对这些问题，在充分调查的基础上，分析阻碍殡葬行业绿色营销推广的因素，并从多个角度进行深入分析，构建了政府、殡葬服务机构、消费者、行业组织相互联动的北京市殡葬行业绿色营销动力系统模型，提出北京市殡葬行业绿色营销的实施需要转变消费者传统丧葬观念，提升居民绿色消费能力；树立殡葬服务机构绿色营销观念，加大绿色营销宣传力度，加强绿色产品或服务的创新能力；发挥政府在殡葬业绿色营销中的主导作用，健全殡葬行业组织等建议。

# 一、绿色营销相关综述

## （一）绿色营销的概念和内涵

### 1. 绿色营销的概念

国外对绿色营销的研究，起源于 20 世纪 60 年代。绿色营销出现于生产观念、产品观念、推销观念、市场营销观念之后，在当时是企业经营管理活动的一种指导思想。20 世纪 80 年代末 90 年代初，随着经济的发展和工业化进程不断加快，生态环境破坏严重，随着人们环保意识的增强，绿色营销才真正被广泛接受，国外许多学者都对绿色营销理论进行了阐述。英国的肯·毕提在他的著作《绿色营销——化危机为商机的经营趋势》中对绿色营销的概念进行了比较明确的界定："绿色营销是一种能辨识、预期及符合消费的社会需求，并且可带来利润及永续经营的管理过程。"Michael Jay Polonsky 等人认为，绿色营销意味着企业所提供的商品更能满足顾客的需求，并且对顾客和消费者双重有利①。

我国对绿色营销理念的研究起步晚于国外。1992 年 1 月，在中国香港召开了国际市场营销研讨会，国内学者才首次接触到绿色营销理论并开始进行系统研究。戴巧珠、臧庆华认为，绿色营销是实现企业自身利益、消费者需求和环境利益的统一，而对产品服务的观念、定价、促销和分销的策划和实施过程②。张世新、魏琦认为，绿色营销是指在绿色消费的驱动下，企业从保护环境、反对污染、充分利用资源的角度出发，通过市场调查、产品开发、产品定价和分销以及售后服务等一系列经营活动，满足消费者的绿色需求，实现自身的盈利③。杨坚红、易开刚认为，绿色营销是指在权衡和统一消费者需求、企业自身经济利益和保护环境资源的前提

---

① POLONSKY M Y, MITU－WIMSATT A. Environmental marking: strategies, practice, theory and research ［M］. The Haworth Press, Inc, 1995.

② 戴巧珠，臧庆华. 发展"绿色"战略，增长竞争优势 ［J］. 外国经济与管理，1992（11）.

③ 张世新，魏琦. 试论企业绿色营销 ［J］. 兰州大学学报，2000（5）.

下，在局部利益服从整体利益，眼前利益服从长远利益的原则下，在产品、定价、分销、促销等市场营销组合方面以保护环境，反对污染，变废为宝，充分利用资源为根本出发点，倡导消费者的绿色需求，从而实现企业的社会营销目标①。魏明侠、司林胜认为，绿色营销就是在可持续发展观的要求下，企业从承担社会责任、保护环境、充分利用资源、长远发展的角度出发，在产品研制、开发、生产、销售、售后服务全过程中，采取相应措施，实现消费者的可持续消费、企业的可持续生产、社会的可持续发展三方面的平衡②。吴峰、邓敏提出，注重先进的环保技术和企业的绿色营销能节约资源，维护生态环境③。

### 2. 绿色营销的内涵

绿色营销是传统营销的创新与发展，通过对以往绿色营销概念的分析，学者们虽然从不同的角度出发，但总结其共同之处，大多数学者认为，绿色营销是将生态环境保护的理念植入营销之中，将消费者需求、企业自身利益和环境利益三者有机结合起来的现代营销理念。绿色营销的环保属性对生态环境保护起到了重要作用，但随着社会的发展，对现阶段企业社会责任缺失等社会问题显得束手无策，因此，绿色营销的内涵不能局限于环境保护。随着研究的不断深入，绿色营销的内涵不断丰富，将绿色营销与"消费者的可持续消费、企业的可持续生产、社会的可持续发展"相结合，绿色营销与可持续发展密切相关。

绿色营销，作为一种立足于可持续发展原则之上的营销策略，旨在通过企业的战略规划在操作实践中融入绿色发展的理念，保护生态环境，并推动社会经济的可持续进步。此理念要求企业在追求自身发展的同时，更应关注并综合考量利益相关方的福祉，实现企业效益、消费者满意度及生态环境保护的协同增长。绿色营销的核心，在于将企业运营的各个环节——产品设计、生产过程、市场销售及最终产品回收——全部纳入绿色

---

① 杨坚红，易开刚. 绿色营销 [M]. 北京：中国物资出版社，2002.

② 魏明侠，司林胜. 绿色营销绩效管理 [M]. 北京：经济管理出版社，2005.

③ 吴峰，邓敏. 绿色经济与管理可持续发展对策探索 [J]. 管理观察，2017（15）：44-46.

理念的指导之下，确保整个价值链的环境友好性。该营销策略不仅仅关注企业自身的发展轨迹，而且深入考虑所有利益相关方的权益，尝试在企业运营过程中，实现企业利益与利益相关方利益的融合与共生。与传统营销相异，绿色营销起源于供给侧的革新，顺应了消费市场中日渐增长的绿色消费需求。它基于市场需求端的启发，旨在设计并推广更加符合绿色消费理念的产品，并通过绿色营销手段进行宣传，从而塑造企业在新时代背景下的独特竞争优势。实践中，绿色营销要求企业全面整合资源，从产品生命周期的每一环节入手，进行环境影响的最小化设计，以及在产品回收利用上的创新实践，形成闭环经济的营运模式。此外，企业应积极参与环保公益活动，通过实际行动展现其对社会责任的担当，进而在消费者心中树立积极的绿色形象，促进企业社会价值与经济利益的双重提升。

在可持续发展观的要求下，绿色营销有更宽泛的内涵，即企业从保护环境、充分利用资源、承担社会责任等长远发展的角度出发，在生产服务全过程中采取相应的措施，引导消费者的可持续消费，促进企业的可持续生产，推动社会的可持续发展，追求企业短期营销行为和长期营销战略与资源、环境、经济、社会的有机协调以及对企业长远发展的良性影响。可见，绿色营销的内涵至少包括以下三个层面：第一，与生态环境的友好属性。既指我们通常所说的生态营销和环境营销，也指企业在营销活动中不仅要满足消费者需求和实现企业的利润目标，还要在产品的设计、生产，以及定价与促销的策划与实施过程中，以环保为前提，力求减少和避免环境污染，保护和节约自然资源。第二，与社会的友好属性。即社会营销，是对绿色营销原意的拓展，也是指企业充分注意其行为对伦理道德观、社会价值观的影响，通过营销活动倡导文明、健康的生活方式，努力谋求消费者、企业和社会生态三者利益的和谐发展。第三，整个生态系统的可持续发展。这是对绿色营销内涵的进一步升华，更是绿色营销理念的起点和归宿。是指企业在营销活动中实现与生态环境、社会友好相处的基础上，追求企业与整个生态系统的可持续发展。

### （二）殡葬行业绿色营销的特征

殡葬行业绿色营销以可持续发展理论为基础，最终目标也是实现殡葬行业的可持续发展，而实现该目标的准则是注重经济效益、消费者需求和环境利益的统一。殡葬行业绿色营销的特征包括以下三个方面。

1. 殡葬行业绿色营销强调经济活动的可持续性

绿色营销作为殡葬服务机构的一个经营环节和一种营销方式，其最基本目的就是为了殡葬服务机构长期发展，保持其经济活动的可持续性。一家企业要长期经营有两点至关重要，一是要有维护企业运营和发展的合理利润，二是要不断维持和提升品牌在消费者和顾客心目中的形象。但这两者往往存在矛盾，墓产商"捂盘"及炒墓就是殡葬服务机构追求利润的最大化而出现的典型现象之一。绿色营销活动作为殡葬服务机构经营的一项基本活动，强调了经营活动的可持续性，它要求不断推出符合市场要求的殡葬绿色产品和服务，这些绿色产品和服务能充分利用殡葬服务机构的现有资源，使其拥有广阔的市场前景，既能持续提升或维持殡葬服务机构品牌的良好形象，又能为其发展和运营提供利润和现金流保障，实现整个殡葬行业经济活动的可持续性。

2. 殡葬行业绿色营销强调要满足并引导消费者需求

殡葬行业在制定并实施绿色营销时，要认真分析并满足和引导消费者的绿色需求，实现殡葬行业的可持续发展。据统计，在目前殡葬业推行绿色营销的城市中，多数地区售出的绿色墓地的比例比较低。以武汉市为例，早在2006年，武汉市就号召市民采用树葬、花坛葬、立体安葬等形式作为骨灰安置方式，鲜有人响应。在北京以及其他部分地区，近年来观察到，一些传统祭祀文化活动正逐渐复苏，随着社会的发展及时代的演进，祭祀用品亦呈现出多样化趋势。尤其值得注意的是，祭祀用品的种类已经从传统的纸钱冥币逐步演化到反映现代经济生活元素的新型产品，如模拟美元纸钞、股票冥币等，传统的纸人纸马更是升级为银行、电视机、汽车等现代化物品的纸质版。倡导绿色殡葬消费观念，以现代文明的方式祭奠逝者，改变殡葬铺张浪费的传统观念，转变从众攀比心理，树立移风易俗、科学祭奠的观念，是殡葬行业可持续发展的重要内容。绿色需求是消费者对产品的需求更加注重消费质量、环境保护、安全健康以及社会的可持续发展。殡葬行业实施绿色营销正是要在分析消费者绿色需求的基础上，满足并引导消费者需求，关注产品的绿色化，培养消费者的绿色意识，促进社会绿色文明的发展，推动人类社会的绿色进程。

3. 绿色营销强调生态环境的可持续发展

绿色营销的核心是保护生态环境，促进人与自然的和谐发展以及生态环境的可持续发展。我国是环境和资源大国，也是人口和殡葬大国，殡葬环境问题复杂而严重，葬前、葬中和葬后都存在许多环境污染和环境破坏问题。例如，遗体、火化燃料、随葬品及遗体包装物等的燃烧都能产生大量的烟尘、二氧化硫、氮氧化物、硫化氢、一氧化碳等主要大气污染物。遗体进行高温焚烧后，体内的微生物都已经死亡，骨灰本身不会携带任何病毒污染环境。但是，遗体火化后的骨灰和土葬尸解后剩余的残渣若被胡乱丢弃也会造成环境污染；火葬过程中的机电等设备会带来噪声污染。此外，滥建公墓、乱埋坟丘、占用耕地破坏植被资源，凡此种种，都是殡葬行业比较突出的生态环境破坏问题。殡葬行业绿色营销为了解决以上环境问题，建立了人与自然对立统一的协调机制，提供绿色殡葬产品和服务，适应环境与发展的协调，实现经济社会和资源环境的相互促进、协调发展，从而保证生态环境的可持续发展。

综上所述，随着生态环境的恶化和自然资源的短缺，通过满足顾客需求赢得利益和发展的传统营销模式已无法适应新时代殡葬行业市场营销的特点和要求。而以实现经济利益为发展基础，以保护自然生态环境为经营哲学，以消费者的绿色消费为中心和出发点，力求满足消费者绿色消费需求，实现经济、生态和社会统一协调发展的绿色营销已成为现代殡葬行业营销发展的必然趋势。

## 二、北京市殡葬行业绿色营销困境的因素

### （一）北京市殡葬行业绿色营销困境的生产者因素

**1. 营销观念因素**

营销观念是企业进行营销活动的基本指导思想，多数殡葬服务机构的营销目标还停留在仅是刺激殡葬消费者消费更多的殡葬产品和服务，整体营销观念局限于追求近期利益、微观利益，忽视了长期利益和社会利益。殡葬行业的大多数单位在经营思想上还处于以推销观念为主的阶段，大多采用传统的营销模式，尚未引进绿色营销观念。少数殡葬服务机构虽然意识到殡葬行业绿色营销的重要性，但视野仅仅局限于绿色葬法，对于内容更宽泛的利于殡葬行业可持续发展的绿色营销观念缺乏正确的认识。总体上，殡葬服务机构对消费者个性化需求和绿色需求带来的消费需求变化缺乏重视，对绿色问题开拓的新市场缺少认识。这些单位是否开发、销售绿色产品或服务，取决于其能带来的经济利益。

**2. 行政体制因素**

目前北京有12家殡仪馆，33家经营性公墓，公有性质与私有性质的殡葬服务机构同时存在，公有性质的占多数。行政体制不同，其组织形式和对外承担责任的形式也不同。而殡葬服务机构的组织形式和对外承担责任的形式对于绿色营销的实施是有影响的。由于长期受到计划经济体制的束缚和影响，殡葬服务机构对于外部环境缺乏敏感度，不注重从外部环境出发制定发展战略。具体来说，公有性质的单位灵活性远不如民营企业，面对可持续发展、绿色改革的挑战，大多数殡葬服务机构显得束手无策，这成为北京市殡葬行业绿色营销发展缓慢的一大重要因素。从更深层原因分析，殡葬行业"政企不分、管办不分"遗留机制问题，使管理者和经营者之间的利益纽带难以被彻底斩断，导致管理、执法和经营等相互纠结，管理的混乱影响了整个行业绿色营销的有效推动。

### 3. 营销策略因素

大多数殡葬服务机构没有熟练掌握并灵活运用绿色营销策略，在绿色殡葬产品与服务的开发、绿色殡葬产品的包装、绿色渠道的选择、绿色促销手段等诸多方面都存在问题。其一，由于缺乏对绿色理念的理解，绿色殡葬产品开发中绿色因素所占比例不高；其二，为了打造绿色殡葬产品，采用精美、豪华的包装，例如祭奠鲜花的精美包装，既提高了产品的成本，包装纸等又可能造成资源的浪费和对环境的污染；其三，环保成本没有被计入产品成本，绿色殡葬产品的价格制定尚未形成绿色会计制度和审计制度；其四，渠道的选择未充分考虑殡葬产品的绿色属性，渠道冗长层层加价；其五，促销方式陈旧，缺乏对绿色殡葬消费的引导。

### 4. 创新能力因素

殡葬行业绿色营销的前提是寻找高新技术手段，推出绿色殡葬产品或服务，推动殡葬行业走上绿色发展道路，技术创新是殡葬行业绿色营销不可或缺的重要前提。在殡葬行业的科技创新方面，西方很多国家已经取得了一定成就。据《泰晤士报》报道，一种可以进行水葬的设备已经研究成功。这是由英国的生物化学家桑迪·沙利文发明的，已经被俄罗斯圣彼得堡、美国佛罗里达州的殡仪馆和英国大不列颠火葬协会订购并应用。水葬就是使遗体碱性水解变成白色粉末，最终变成咖啡色液体，排放到城市污水收集系统，整个过程约用时3个小时。采用此水葬法比火葬减少二氧化碳排放90%，无汞排放，节省了90%的天然气和2/3的电力。瑞典有另一种遗体处理方式，叫作冷冻葬，已经被大众熟知。它涉及遗体冷冻干燥、电解，然后汽化，对残留物进行金属物质筛选，然后成为人类堆肥。与国外相比，我国的殡葬行业是传统行业，科技先进性和创新性较低，绿色殡葬产品研制开发技术落后，专业人才匮乏，高科技的绿色殡葬产品和服务模式较少。同时，由于绿色殡葬技术开发的周期长、风险大、投入高、利润低，殡葬服务机构积极性不高。目前，北京市殡葬行业绿色殡葬产品或服务的种类较少，难以满足殡葬消费者的绿色需求。

### 5. 宣传因素

殡葬行业连续多年进入中国十大暴利行业，一直是大家关注的重点，长期饱受诟病，殡葬工作在舆论影响下陷入尴尬的局面，公众对殡葬行业的误解使殡葬行业绿色营销的宣传存在一定困难。媒体的视线往往集中在"殡葬暴利"的话题上，对于绿色殡葬理念和新型殡葬方式的宣传较少。殡葬市场上存在"黑中介""黑一条龙"等一些非法经营形式，打着正规殡葬的旗号做了很多损害遗属利益的事情，经常会引起公众的不满和愤慨，部分媒体由于对殡葬行业不了解，把"死不起""殡葬暴利"等污水直接泼到整个殡葬行业，不明真相的报道损害了殡葬行业的形象，使殡葬行业的公信力受到了舆论的挑战。另外，殡葬工作是一个面对千家万户的工作，殡葬服务的对象很多刚经历了和亲人的生死离别，情绪很容易激动、失控，同时由于殡葬业本身的负魅场因素，除了清明、冬至两节，大众媒体都对其避讳有余，因此殡葬宣传利用的载体往往较为单一，宣传力度和方式受到局限。目前绿色殡葬营销的主要方式以人员促销、传单等纸质广告为主，对于电台、电视台、网络等媒体的有效运用较少，对影响力较强的活动宣传方式的利用也不理想。殡葬宣传的内容大多停留在对相关法规政策的陈述，缺乏形式多样、内容丰富的宣传，无法激发群众的兴致。

## （二）北京市殡葬行业绿色营销困境的消费者因素

### 1. 绿色需求因素

生产以需求为导向，目前殡葬消费者还未形成普遍的绿色消费需求。按绿色消费意愿可以把殡葬消费者分为三种类型：一是主动型殡葬消费者，坚定的绿色殡葬产品或服务的购买与消费者；二是否定型殡葬消费者，不关心和拒绝绿色殡葬产品或服务的消费者；三是意向型殡葬消费者，介于两者之间，有绿色购买意愿的殡葬消费者。作为绿色理念起步较晚的国家，我国消费者的绿色消费意识和能力整体较低，对于极具特殊性的殡葬产品或服务的绿色消费意识更低，不能对绿色殡葬产品或服务形成有效的需求。在全国范围内，北京市殡葬行业虽较早地提出绿色营销理念，但由于国民整体素质不够高，加之宣传力度小、引导滞后，因此绿色需求过低、绿色市场规模较小，导致北京市殡葬行业缺乏拉动绿色营销的原动力——绿色消费需求。

2. 观念因素

"绿色消费"的提出，是人类思想进步、消费观念改变的重要标志，实现绿色消费是以消费者较高的生态意识、环保意识以及社会责任感为终极支撑的。我国居民的环保意识近年来有明显增强，越来越多的消费行为趋向绿色化、生态化，但殡葬消费的特殊性导致消费者绿色意识不明显。殡葬消费是逝者遗属为开展对已故亲人的祭奠、哀悼等活动而产生的消费行为，它包括购置墓地、殡葬用品（如骨灰盒、花圈、寿衣等）以及殡葬服务（如防腐整容、告别仪式）等的消费，受厚葬观念和"买风水、买面子"的攀比心理影响，存在很多"攀比消费""面子消费""时髦消费"等消费心理。受厚葬观念影响，大多数人认为，丧礼或安葬地是否"体面"，不仅体现着子女现有的身份地位，也是对其是否尽孝的伦理道德的检验。目前，殡葬消费费用逐年增加，盲目攀比之风盛行，有些丧者甚至不惜负债，一些经济条件一般的家庭，为了显示对死者的"孝心"购买价格高昂的殡葬用品，大摆宴席答谢亲友，花费巨大。以选购墓地为例，目前采用新型葬式的大多是环保人士和工薪消费阶层人士，但受传统观念的影响，接受度不高，大多数人还是选择"入土为安"的传统墓葬形式。大部分殡葬消费者观念上更注重感情的寄托，忽视了生态环保，甚至认为生态环境保护是政府单方面的责任，消费者仅凭自己的力量是很难作出改变的。加上政府、殡葬服务机构、媒体对绿色殡葬产品或服务的宣传滞后，造成了解和接受绿色营销的只是少数人，绝大多数对绿色营销的内涵和意义不甚了解的情况，这些都阻碍着绿色消费市场的形成。目前北京市殡葬行业的"绿色消费者"还为数不多，总体来讲，绿色消费观念还没有深入人心。同时，即便有少数的消费者具有绿色消费观念，小众的购买行为对殡葬服务机构实施绿色营销产生的促进作用较小，只有形成绿色消费风气，消费者之间相互带动，才能有效推动殡葬行业绿色营销的实施。

3. 价格因素

目前，殡葬服务分为基本殡葬服务、需求性殡葬服务、个性化殡葬服务三类。根据 2012 年国家发展和改革委员会与民政部联合发布的《关于进一步加强殡葬服务收费管理有关问题的指导意见》，基本殡葬服务，包括遗体接运（含抬尸、消毒）、存放（含冷藏）、火化、骨灰寄存等服务，由民政部门下的殡仪馆经营，执行政府定价。需求性殡葬服务和个性化殡葬服务是殡葬服务机构根据市场变化及客户特殊要求设置的，执行政府指导价或市场调节价，这两类殡葬服务项目更新快、价格构成复杂，没有可参照标准和参考依据，公众对其价格的合理性存在异议。而绿色殡葬消费项目多数属于需求性和个性化殡葬服务项目，消费者对其价格的合理性存在困惑，对殡葬消费者绿色消费行为产生一定的阻碍。另外，绿色殡葬产品或者服务，成本和生产工艺以及市场开拓费用较高，具有较高附加值，因而价位较高，而那些传统的殡葬产品和祭奠方式则价格很低。由于收入的原因和环保观念的淡薄，大多数消费者，尤其是远郊区县与广大农村地区的消费者仍愿意购买价格便宜的传统殡葬产品或服务。艾略特和福里曼在美国的抽样调查显示：尽管消费者表示愿意花更多的钱购买在好的工作条件下生产出来的产品，然而对于不同价格的产品，人们愿意多支付的价钱水平是不同的。对于价格是 10 美元的产品，消费者愿意多出 28% 的价钱，但是对于 100 美元的产品，消费者就只愿意多出 15% 的价钱[①]。说明产品本身的价值功能是消费者考虑的重要因素，价格是购买选择的重要制约因素。价格偏高是影响消费者选择绿色殡葬产品或服务的一个重要原因。

此外，殡葬消费者购买绿色产品和服务的过程，不仅要付出较高的经济成本，还有时间成本和精力、体力成本。搜寻绿色殡葬产品或服务的信息，鉴别、购买绿色殡葬产品或服务耗去的时间和精力、体力要高于一般产品或服务。在调研中发现，只有极少数消费者知道海葬具体的办理程序和办理地点，甚至有些殡葬服务机构的服务人员也不是很清楚，即便消费者有了解相关的信息的想法也不知道该从何入手。

---

① 余晓敏.“道德消费主义”：欧美管理学界的理论与实证研究以及对我国的启示 ［J］. 甘肃社会科学，2005（4）.

4. 消费环境因素

近年来，随着社会的进步和殡葬行业的迅猛发展，环保意识和文明殡葬观念渐渐深入人心，但殡葬消费中还存在一些侵害消费者权益的现象，例如，部分公益性公墓私自开展经营活动；一些无经营资质的殡葬用品店和非法从事丧葬服务的中介机构，为谋取高额利润，误导消费者大操大办，使消费者蒙受不必要的经济损失。同时，在《国务院关于第三批取消和调整行政审批项目的决定》（国发〔2004〕16号）中，民政部门对生产、销售丧葬用品的前置审批已被取消。个体工商户可以凭市场监督管理部门办理的营业执照，从事丧葬用品的销售。只要有人、有场地、有注册资金，就可以向工商部门注册成立丧葬殡仪服务公司，于是在各家医院周边迅速出现很多私营的丧葬用品销售网点。殡葬执法部门缺乏对丧葬用品市场价格依法检查的依据，再加上相关法规、制度及行业规范的空缺，导致丧葬商品类市场价格混乱，收费不透明、高收费、乱收费、以次充好坑害消费者的现象时有发生。在街边殡葬用品商店购买殡葬用品的消费者不在少数，而殡葬市场的混乱，导致一些消费者对殡葬产品信心不足，认为所谓"绿色"只是商家炒作的噱头。

5. 负外部性因素

外部性，分为正外部性和负外部性。正外部性是某个经济行为个体的活动使他人或社会受益，而受益者无须花费代价。负外部性指的是某个经济行为主体在进行活动时，对他人或社会造成了损害，但该行为主体并未为此损害承担相应的成本，导致外部社会承担了这部分本应由行为主体承担的经济负担。根据受益对象，把绿色产品分为"公益型"和"私益型"，前者主要体现在对公共资源和环境的保护，此类消费行为带来的收益不能被个人独占，而是由社会公众共同享有，如无氟冰箱。后者带来的收益被消费者个人独占，如绿色食品。绿色殡葬产品，基本属于"公益型"，即消费行为往往会给社会公众收益，却没有较低的市场交易成本和价格，这就是殡葬消费的负外部性。作为"理性人"的消费者进行消费决策时，会将其实际成本与获得的收益进行比较，在"外溢成本"得不到补偿的情况下，选择较少地从事该项活动，因此自然缺乏进行绿色殡葬消费的积极性。对负外部性征收税费，对正外部性给予补贴，是解决外部性的有效手段，即政府在给予精神鼓励的同时，也需要一定的价格补贴或优惠政策，但我国对于殡葬行业绿色消费在这方面的调节力度不足，缺乏完善的奖惩机制，一定程度上制约了殡葬行业绿色营销的深入发展。

### （三）北京市殡葬行业绿色营销困境的外部环境因素

#### 1. 政策法规因素

近年来，民政部和北京市政府已出台了一些推进殡葬行业绿色发展的法律法规以及促进殡葬行业绿色营销的措施。例如，《关于进一步深化殡葬改革促进殡葬事业科学发展的指导意见》明确提出："有条件的地区，可从重点救助对象起步，逐步扩展到向辖区所有居民提供免费基本殡葬服务，实行政府埋单。对节地葬法或不保留骨灰的，以及土葬改革区自愿火化的，实行政府奖励、补贴，建立起覆盖城乡居民的多层次殡葬救助保障体系。"这一规定将"政府埋单"作为惠民政策推出，并要求对节地葬法或不保留骨灰的以及土葬区自愿火化的，实行政府奖励、补贴。北京市民政局、市财政局也多次出台相关政策，鼓励市民选择骨灰撒海的绿色殡葬方式。政府通过购买服务的方式鼓励骨灰撒海，每份骨灰免费随行2名遗属，零付费完成骨灰撒海过程，彻底实现骨灰安置方式的生态化。遗属不能亲自参加的，实行骨灰代撒服务免费。这些相关法律法规的出台，为北京市殡葬行业绿色营销的发展指明了一定方向，但总体上殡葬行业的立法工作相对滞后，尤其是针对殡葬行业环境资源保护和可持续发展的政策基本空白，其配套性、可操作性不强和执法不严等，最终导致无法从宏观上有力调控殡葬行业实施绿色营销。殡葬行业绿色营销策略推广时，相关工作的开展和事务的处理与解决，急需相关的法律法规作为参照依据。

#### 2. 政府监管因素

在当前的殡葬服务市场中，管理体系尚未成熟且整体化，面临着民营资本进入带来的一系列挑战。部分民营企业在追求经济效益的过程中，可能未能充分考虑到殡葬行业的公共福祉和社会责任，导致了价格不当提高、不良的市场竞争行为以及垄断经营等问题。此外，殡葬服务中介组织的管理缺乏统一性和规范性，个别组织过度追求利益最大化，有时甚至采用宣扬封建迷信的方式，这不仅侵害了消费者的经济利益，更对其精神福祉造成了损害。

殡葬市场的现状与管理体制的不完善有着一定的联系。目前实施的殡葬管理条例在完备性、可操作性及实用性方面仍有待加强，相关部门的监管能力亦显薄弱。现有的管理体制难以充分适应殡葬行业可持续发展的需求。此外，政府在推进绿色殡葬实践及营销策略的监管措施方面也存在不足，亟须制定和实施更加有效的法律法规来规范殡葬服务机构的行为，同时引导其开发和提供绿色产品或服务。

# 三、殡葬行业绿色营销困境的相关分析

## （一）殡葬行业绿色营销博弈分析

殡葬服务机构、政府和殡葬消费者是博弈的主体，三者之间的关系是既对立又统一的，需要在对方作出策略的基础上调整自己的战略，作出利于自己的最优选择。

### 1. 殡葬服务机构之间的博弈

（1）无干预时的殡葬服务机构之间的博弈

假设殡葬行业只存在甲、乙两个殡葬服务机构，都是理性的经济人，都追求利润的最大化，同时绿色殡葬市场的信息是完全充分的，而消费者的绿色消费意识还比较薄弱。甲、乙两个殡葬服务机构有绿色营销和传统营销两种策略。当没有政府干预时，甲、乙殡葬服务机构的支付矩阵见表2-1。

甲、乙两个殡葬服务机构都选择实施传统营销时，其支付效应都为0。甲、乙两个殡葬服务机构选择绿色营销策略，需要支付绿色营销成本

C，同时销售绿色殡葬产品和服务能获得利润 I。当甲殡葬服务机构实施绿色营销，而乙殡葬服务机构实施传统营销时，甲殡葬服务机构不仅要支付实施绿色营销的成本 C，同时还要承担由于绿色殡葬产品和服务未能快速被市场接受而失去市场份额所产生的损失 M，同时乙殡葬服务机构还因为获得更多的市场份额获得收益 M。可见，不论乙殡葬服务机构是否采取绿色营销，甲殡葬服务机构都会选择其利益最大化的传统营销模式。

表 2-1　无干预时的殡葬服务机构之间的博弈

| 乙殡葬服务机构 | 甲殡葬服务机构 | |
|---|---|---|
| | 传统营销 | 绿色营销 |
| 传统营销 | 0，0 | –C–M，M |
| 绿色营销 | M，–C–M | –C+I，–C+I |

目前，殡葬服务机构绿色理念淡薄，殡葬消费者绿色消费意识薄弱，殡葬服务机构引入绿色营销将额外增加一定的生产成本，由于绿色殡葬产品的市场份额有限，有可能导致殡葬服务机构负利润，这将会使殡葬服务机构陷入"囚徒困境"。

（2）政府干预时殡葬服务机构之间的博弈

殡葬服务机构作为理性的经济人，追求其自身经济利益最大化。政府对一些污染严重、能耗大、效率低的殡葬服务机构征收税收，减少其对社会的损害，同时对于绿色殡葬营销给予一定的补贴，鼓励绿色营销的实施。假设政府对于采用传统营销策略对环境造成污染的殡葬服务机构征税 T，对采用绿色营销策略的殡葬服务机构给予补贴 F。

在表 2-2 中，当甲、乙殡葬服务机构都选择传统营销时，都会被征税 T，效用为（–T，–T）。若甲、乙两个殡葬服务机构，其中一个实施绿色营销，另一个不实施绿色营销，政府对实施绿色营销的殡葬服务机构给予补贴 F，而对不实施绿色营销的殡葬服务机构征税 T，两者效用为（–C–M+F，–T+M）。当–C+I+F<0，即 F<C–I 时，此时甲、乙殡葬服务机构均不会选择实施

绿色营销，而当-C+I+F≥0，即 F≥C-I 时，此时甲、乙殡葬服务机构效用为
（-C+I+F，-C+I+F）。可见，在政府干预的情况下，甲、乙殡葬服务机构的
最优选择是（绿色营销，绿色营销），甲、乙殡葬服务机构摆脱了"囚徒困
境"。当然，如果政府对污染殡葬服务机构征收的税收力度较小或者政府补
贴力度较小，则殡葬服务机构仍将选择传统营销策略，绿色营销的开展将难
以真正实现。

表2-2　政府干预时殡葬服务机构之间的博弈

| 乙殡葬服务机构 | 甲殡葬服务机构 | |
|---|---|---|
| | 传统营销 | 绿色营销 |
| 传统营销 | -T，-T | -C-M+F，-T+M |
| 绿色营销 | -T+M，-C-M+F | -C+I+F，-C+I+F |

### 2. 消费者绿色意识增强后殡葬服务机构之间的博弈

假设甲、乙殡葬服务机构都选择实施绿色营销时的效用为（0，0），
此时由于消费者绿色意识较强，对于传统殡葬产品和服务选择不购买或者
少购买，所以此时甲、乙殡葬服务机构都会损失效用-$S_1$，实施传统营销
时的效用为（-$S_1$，-$S_1$）。甲、乙殡葬服务机构，如果甲殡葬服务机构实
施绿色营销，而乙殡葬服务机构实施传统营销，则甲殡葬服务机构可以获
得绿色营销收益 N，而乙殡葬服务机构不仅因为消费者对传统殡葬产品和
服务的消费量减少而损失 $S_1$，同时由于市场份额的减少而损失 $S_2$，此时
甲、乙殡葬服务机构的效用为（N+$S_2$，-$S_1$-$S_2$）。根据表2-3的支付矩阵
可以看出，绿色意识增强后消费者主动选择购买绿色殡葬产品服务，甲、
乙两个殡葬服务机构就会主动地选择绿色营销策略。

表2-3　消费者绿色意识增强后殡葬服务机构之间的博弈

| 乙殡葬服务机构 | 甲殡葬服务机构 | |
|---|---|---|
| | 传统营销 | 绿色营销 |
| 传统营销 | -$S_1$，-$S_1$ | N+$S_2$，-$S_1$-$S_2$ |
| 绿色营销 | -$S_1$-$S_2$，N+$S_2$ | 0，0 |

3. 殡葬服务机构与消费者之间的博弈

在表 2-4 中，以 $R_g$ 表示殡葬服务机构提供绿色产品和服务且被消费者购买时获得的利润，$R_n$ 表示殡葬服务机构提供传统产品和服务且被消费者购买时获得的利润。$C_g$ 表示殡葬服务机构提供绿色产品和服务但不被消费者购买时增加的成本，$C_n$ 表示殡葬服务机构提供传统产品和服务但不被消费者购买时增加的成本。$U_g$ 表示殡葬消费者消费绿色殡葬产品和服务获得的效用，$U_n$ 表示殡葬消费者消费传统殡葬产品和服务获得的效用。消费者追求的是自身效益的最大化，因为绿色殡葬产品和服务具有一定的现代性和友好性，其效用远大于传统殡葬产品效用，即 $U_g > U_n$。

表 2-4　殡葬服务机构与消费者之间的博弈

| 殡葬服务机构 | 殡葬消费者 | |
| --- | --- | --- |
| | 购买 | 不购买 |
| 传统营销 | $U_n$，$R_n$ | 0，$-C_n$ |
| 绿色营销 | $U_g$，$R_g$ | 0，$-C_g$ |

当 $R_g > R_n$ 时，即殡葬服务机构实施绿色营销时获得的实际效益大于传统营销。如果 $C_g < C_n$，此时的最优选择是（$U_g$，$R_g$），即殡葬服务机构采用绿色营销策略，消费者购买绿色产品。如果 $C_g > C_n$，对于消费者来说不购买的效用为 0，因此消费者的最优策略是购买。此时，殡葬服务机构的营销策略取决于消费者，如果消费者购买，则殡葬服务机构的最优策略是绿色营销；如果消费者不购买，则殡葬服务机构的最优策略是传统营销。可见，殡葬服务机构采用绿色营销策略，而消费者购买绿色产品时，会增进社会整体福利。

当 $R_g < R_n$ 时，即殡葬服务机构进行传统营销时获得的实际效益大于绿色营销。如果 $C_n < C_g$，此时的纳什均衡点为（$U_n$，$R_n$），即消费者购买非绿色产品，殡葬服务机构采用传统营销策略。如果 $C_n > C_g$，消费者的最优策略依然是购买。此时，殡葬服务机构的营销策略取决于消费者，如果消费者购买，则殡葬服务机构的最优策略是传统营销；如果消费者不购买，则殡葬服务机构的最优策略是绿色营销，此时不能增进社会整体福利。

4. 殡葬消费者之间的博弈

殡葬消费者是绿色殡葬产品和服务的最终购买者，他们是否会购买殡葬绿色产品是一个复杂的消费决策过程。一般来说，收入水平较高的殡葬消费者对于价格灵敏度不高，更乐于选择具有现代性的绿色殡葬产品和服务。而与此相对应的，收入水平较低的殡葬消费者消费层次低，绿色意识淡薄，就不一定会购买绿色殡葬产品和服务。因此，所有人都购买绿色殡葬产品和服务，所有人福利都增加；如果部分消费者购买绿色殡葬产品和服务，部分不购买，不购买的消费者就会"搭便车"，最终可能每个消费者都会将不购买绿色殡葬用品和服务作为自己的最优选择，不能增进整个社会的福利。

## （二）殡葬行业绿色营销社会伦理分析

### 1. 隆丧厚葬伦理观念对绿色殡葬消费行为的影响

厚葬在我国历代殡葬习俗中占有主导地位，是中国的一种特殊社会现象。先秦儒家倡导的孝道观，对隆丧厚葬伦理观念的形成与发展，起到十分重要的推动作用。孔子曰："生，事之以礼；死，葬之以礼，祭之以礼。"把孝贯穿于父母生死的全过程。"事死如生，事亡如存。"对待死者要用与对待生者同样的态度。从帝王到寻常百姓，丧葬活动的礼仪都是最隆重、最费时的，如小殓、三日大殓、搭建灵堂、做七、出丧、出殡等。古代规定"持丧三年"，父母死后，子女须持丧三年，其间不得婚嫁，不预吉庆之典，服丧官员必须离职，称"丁忧"。先秦儒家孝的含义及其在社会、政治方面的延伸，使得孝在社会上、政治上的作用显现出来。

厚葬的两个重要标准：一是逝者的棺和椁。"椁"是指棺材外面套的大棺。按照周代关于丧仪的规定，天子要用二椁五棺，诸侯用一椁三棺，大夫用一椁二棺，士用一椁一棺。二是逝者的坟墓。据考证，殷商时的墓葬没有坟丘，但至周代以后，开始因爵位尊贵的高低有了不同规模的坟。《白虎通·崩薨》："天子坟高三仞，树以松；诸侯半之，树以柏；大夫八尺，树以栾；士四尺，树以槐；庶人无坟，树以杨柳。"由此可见，坟的规模和树的种类随着逝者的身份地位而变化。

古代的厚葬丧仪演化至今，就是我国百姓对"豪坟大墓"和"繁缛丧仪"的热衷，也逐渐形成了隆丧厚葬伦理观念。厚葬会带来很多不良影响，浪费土地和人力物力财力，也浪费大量的时间。中国殡葬协会官网数据显示，目前我国每年死亡人口接近 1000 万，以每年 7‰的速度递增。对坟墓规模的追逐，必然会出现死人与活人争地的问题。目前，北京某些墓园依然存在百万元级的家族墓地。这一现象的持续存在，可以归因于殡葬消费者在伦理观念上对隆丧厚葬的重视，这种传统的丧葬仪式观念使得豪华丧葬活动依旧盛行，而对于倡导节俭、环保的绿色殡葬产品和服务的接受度则相对较低。此类殡葬消费现象的持续，从文化人类学及社会学的视角看，反映了深植于民族文化中的丧葬伦理观念对现代殡葬消费行为的影响。隆重的丧葬仪式不仅是对逝者的尊重，也是家族荣誉和社会地位的象征。然而，这种传统丧葬模式与绿色殡葬理念之间存在显著的矛盾。

2. 传统市场经济伦理观念对殡葬服务机构绿色行为的影响

（1）缺乏伦理约束的传统经济增长模式

将增长视为发展的传统增长模式，具有极强的功利性和实用意义。缺乏伦理观念的殡葬服务机构，只注重短期的直接利益，不注重中长期利益，认为经营目标与社会责任没有必然联系，甚至认为经营目标和企业伦理是相矛盾的，从而只追求利润最大化，不顾对环境资源的保护。在经济效益与生态环境的较量之中，以经济效益日益增长、生态环境日益走向没落为特征。不同的企业伦理意识，决定了企业的市场表现和效益，进而直接影响企业的生存和发展。在当前社会的发展背景下，部分殡葬服务机构在追求经济利润的过程中，可能会忽视伦理道德的基本原则，采取以牺牲他人乃至后代人的利益为代价的做法。这种现象在一定程度上反映了在传统伦理观念下代际公平保障机制的缺失，尤其是在经济资源配置与环境保护领域，难以实现代际的平衡。缺少对当前一代在使用环境资源方面的有效制衡，可能导致以牺牲后代人生存环境为代价的经济发展模式，进而影响到代际发展的可持续性。

（2）传统伦理观念导致殡葬服务机构的社会责任缺失

殡葬服务机构是独立的经济实体，通过提供殡葬产品或服务创造出一定的利润。从追求利润的角度出发，自利性成为殡葬服务机构作为"经济人"的基本特征，也是衡量其自身行为和价值的重要标准。但殡葬服务机构作为社会的一员，还需要与外界进行互动，不能仅局限于自身，还要回归到社会中去。在传统伦理观念下，多年以来殡葬服务机构社会责任的缺失，表现在以下几个方面：其一，保护生态环境的社会责任缺失，殡葬行业比较突出的生态环境破坏问题有很多，例如污染物大量排放、滥建公墓、乱埋坟丘，忽视了生态环境的可持续发展；其二，人文关怀的社会责任缺失，目前殡葬服务的关注点还局限于"葬"的功能，忽视了其"殡"的功能，殡葬仪式的情绪治疗作用不能得到充分发挥；其三，传承生命文化的社会责任缺失，有些私营殡仪服务企业受利益驱动，将一些纸牛、纸马等封建迷信纸扎祭品和吹打念经、旗锣伞扇等封建迷信活动重新带入殡葬消费市场，使殡葬糟粕活动泛滥，而忽视了生命文化精华的传承；其四，维护绿色市场的社会责任缺失，一些私营殡葬服务机构受利益驱动，欺骗殡葬消费者，抢夺尸源，恶性竞争的事情时有发生，忽视了对殡葬市场秩序的维护。

（3）本位主义伦理观念导致殡葬行业绿色营销监管的"政府失灵"

当市场这只"看不见的手"无法有效保证市场秩序时，就需要政府这只"看得见的手"来调节市场机制，弥补市场缺陷。然而，在政府的监管过程中，政府也有其自身的缺陷，也可能出现政府失灵。萨缪尔森等人认为："政府政策或集体行动所采取的手段不能改善经济效率或道德上可接受的收入分配时，政府失灵便产生了。"[①] 由于政府自身的缺陷导致干预的

---

① 保罗·萨缪尔森，威廉·诺德豪斯. 经济学［M］. 萧琛，等译. 北京：华夏出版社，1999.

低效、无效，就是政府失灵。从伦理视角来看，本位主义是造成政府失灵的根本原因。政府作为完全的"政治人"而行使人民赋予的权力，成为社会公共利益的代表，本不应该有自己的利益。然而，在本位主义的驱动下，政府逐渐忽视了自己"政治人"的角色，开始扮演"经济人"的角色，政府部门和官员都有自己特殊的利益。例如，获得更高的声誉和威望、争取本地区更多的收入和预算等。对自身的错误定位使政府在殡葬市场监管过程中，追求自身利益，违背了社会公共利益。在公共管理领域内，"政府失灵"现象可能导致社会资源的配置不能达到最佳效率，从而影响政府监管决策的效能。这种状况在殡葬市场中尤为明显，其中政府的过度或不恰当干预往往会引发市场价格的失真和市场秩序的混乱，进一步阻碍殡葬行业绿色营销策略的有效实施。首先，政府监管的不足可能使得殡葬服务市场缺乏必要的规范和引导，导致资源分配的非效率性。在没有充分发挥市场机制作用的情况下，政府过度集中的决策和监管可能忽视了市场的自我调节能力，降低了整体的资源配置效率。其次，政府干预的不当可能引致殡葬市场价格机制错位。政府的干预措施如果未能精准施行，可能会干扰市场正常的价格信号，导致价格机制无法真实反映供需关系，进而影响消费者和服务提供者的决策。最后，这种监管策略和干预手段的不当，还可能阻碍殡葬行业内绿色营销理念的普及和实践。绿色营销作为一种新兴的营销模式，旨在促进环境保护和资源节约，但过度或不当的政府干预可能会限制行业创新和市场机制的正常运作，从而影响绿色营销策略的推广和应用。

## 四、北京市殡葬行业绿色营销的现实路径选择

我国处于社会与经济转轨时期，殡葬行业绿色营销体系的建设，必须坚持政府主导、多元主体协作的模式。在对政府、殡葬服务机构、消费者绿色营销实施过程进行相关分析后，具有首都特色的北京市殡葬行业绿色营销的具体实施措施应是：第一，政府发挥宏观调控作用，完善相关法律法规，加大监管力度；第二，不断增强殡葬服务机构和消费者的绿色营销

意识，推动绿色殡葬市场不断成熟；第三，发挥非政府组织的作用，动员各方力量发展殡葬行业绿色营销战略。

## （一）北京市殡葬行业绿色营销动力系统模型的构建

总的来说，殡葬行业绿色营销起步较晚，目前总体水平还处于初级阶段。殡葬行业绿色营销系统，是绿色营销演进模式的基础，是殡葬行业绿色营销过程参与的各主体之间相互作用和影响构成的信息反馈系统。通过对推动殡葬行业绿色营销的四种主体力量进行分析，可以寻找殡葬行业发展的总体思路。北京市殡葬行业绿色营销动力系统模型，如图2-1所示。

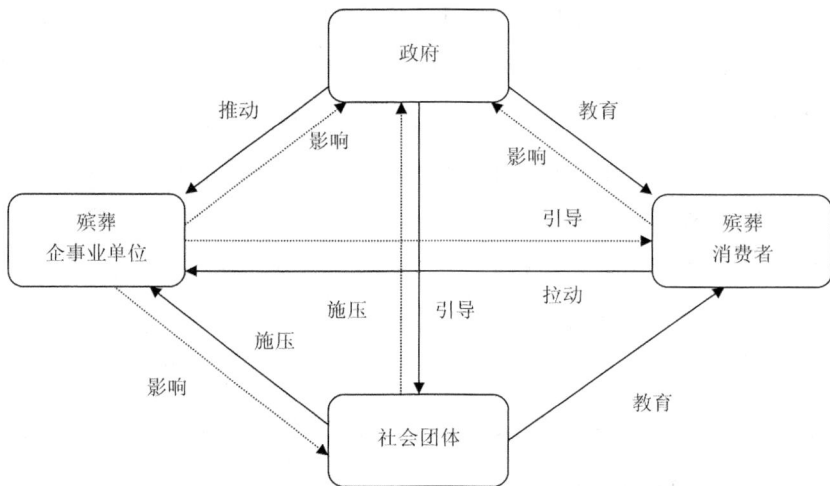

图2-1 殡葬行业绿色营销动力系统模型

生态环境压力的日益加大和社会经济发展模式的转型，使政府在绿色行动中扮演了重要角色，必须支持殡葬服务机构实施绿色营销模式。传统的经济发展模式得益于早期的高速发展后，在巨大的资源、人口与环境压力下，出现了停滞、面临瓶颈，政府必须转变经济发展模式。经济发展模式的转变要求企业相应地进行营销模式的转变。如果社会对环境污染漠不关心，那么政府的努力也将收效甚微。政府采用各种形式宣传绿色殡葬理念，在增强殡葬消费者绿色消费意识的同时也在不断提升民众的收入水平，这样公众就成为殡葬行业绿色营销的主要受益者。殡葬消费者就会重新调整自己的行为，把满足自身需求与更有益于环境的产品和服务结合起来。在生态环境日益恶化的情况下，政府想获得民众持久的支持，就必须更加重视资源的节约和环境保护，力求创建环保安全的社会环境，客观上要求政府引导和推动殡葬服务机构实施绿色营销模式。

殡葬服务机构实施绿色营销策略的动力源于战略发展的需要，源于营销观念转变的需要。随着传统营销模式竞争力的下降，企业营销战略中更多开始考虑生态环境目标、绿色技术和产品的开发，更加注重将绿色创新作为发展的核心竞争力。因此可持续发展的竞争优势是殡葬服务机构选择和实施绿色营销的第一动力。殡葬服务机构可持续发展必须与社会、经济、政治、环境和谐共存，而绿色营销战略在这方面具有重要的意义。政府采用经济手段和政策手段等加大对殡葬服务机构绿色营销模式的支持，因此殡葬服务机构绿色营销的实施有利于降低来自政府的制裁风险，有利于殡葬服务机构获得政府的税收、信贷、补贴等优惠而降低成本，有利于其取得消费者的认可进一步获得社会的一致信赖。新的营销环境逐渐迫使更多企业承担起社会责任，营销的利他性逐步增强。殡葬服务机构实施绿色营销模式，推出现代化绿色殡葬产品和服务，给殡葬消费者提供了更多的现代化绿色选择，引导殡葬消费者的绿色需求。

殡葬消费者对绿色营销模式的认同和支持，大部分来源于对现代殡葬文化和形式的认可，以及对更高生活质量的追求。对于殡葬消费而言，现代化殡葬产品和服务带给消费者更多的体验，同时其对生态环境的保护带给消费者更好的生存环境。落后的经济发展水平对应的落后消费模式，虽然带给了消费者更多的物质利益，却消耗了太多环境资源，使民众的生存环境陷入了极其恶劣的境地。在经济欠发达时期，人们只关注物质需求的满足，很少关注精神需求的满足和生存环境的保护。随着殡葬消费者收入水平和学历层次的不断提升，消费者的绿色消费意识也日益增强，必然促使他们越来越多地选择绿色殡葬产品和服务，支持殡葬服务机构的绿色营销模式。消费者作为殡葬行业绿色营销活动的直接受益者，其需求规模直接影响政府对殡葬行业绿色营销的支持，也制约着绿色殡葬产品和服务的研究和开发。

与绿色营销模式相关的社会团体包括两个类型，一是殡葬协会，二是环保NGO。成立于1992年的北京市殡葬协会，协助政府主管部门实施法规政策的落实、殡葬知识宣传、殡葬行业从业人员的教育培训、殡仪职工维权等工作，与北京市殡葬管理等部门合作开展骨灰撒海业务，成为推动北京市殡葬行业发展的中坚力量。殡葬协会既是殡葬服务机构会员诉求的代言者，也是殡葬政策创制的参与者，更是殡葬行业自律的监督者。协会通过搭建服务平台和交流平台，宣传绿色殡葬理念和绿色营销模式，推进殡葬行业和殡葬协会的可持续发展。环保NGO是协助政府更好地处理生态环境问题的中间组织，通过对生态环境的不断关注和监督，促使政府制定一些环境政策和法律法规，迫使更多殡葬服务机构选择绿色营销模式。同时，通过各种绿色宣传活动，增强消费者的环保理念和绿色消费意识。近年来，民间环保NGO组织在国内积极活动，取得了一定的成就，但国内NGO面临着注册难、资金紧张等困难，同时公众对环保组织还较为陌生，环保NGO对公众的影响和引导作用还比较有限。

## （二）北京市政府采取的殡葬行业绿色营销措施

### 1. 发挥政府在殡葬行业绿色营销中的主导作用

殡葬，是社会生活的重要组成部分，是人民群众最直接关心的利益问题之一，如果完全走产业化道路必然导致殡葬服务机构之间的利益之争，违背了公共服务的宗旨。政府是公共资源的第一保护人，同时又掌握着公共权力和代表着公共利益[①]，政府在殡葬行业绿色营销实施过程中应发挥主导作用。《关于进一步深化殡葬改革促进殡葬事业科学发展的指导意见》明确提出："政府主导，市场参与。提高政府殡葬管理、殡葬公共服务的能力和水平。对基本殡葬服务，政府要加大投入。对其他选择性殡葬服务，注重发挥市场调节作用，满足人民群众多层次需求。"首次提出将殡葬服务划分为"基本殡葬服务和选择性殡葬服务"，明确"政府主导"的

---

① 汪明林，刘旺．遗产资源保护及旅游发展中的政府作为研究［J］．旅游学刊，2005（4）．

宗旨,满足人民群众多层次、个性化殡葬需求。大多数人肯定政府在殡葬行业绿色营销实施过程中的重要功能,从一个侧面反映了北京市殡葬行业选择政府主导型的绿色营销模式具有坚实的社会基础,容易得到群众的广泛参与和支持。为保障群众殡葬消费权益,减轻群众殡葬消费负担,解决"死不起、葬不起"的社会问题,对遗体接运、遗体火化、骨灰寄存和公益性骨灰安葬等基本的殡葬服务,要加大政府投入、完善政府公共殡葬服务职能,将基本殡葬服务收费控制在合理水平,使广大群众享受到便捷、优质的惠民服务。对于殡葬特殊服务项目和经营性骨灰安葬等选择性殡葬服务,要建立行业规范和服务标准,形成市场运作、政府监管的科学运作模式,最大限度地满足群众的殡葬服务需求,促进北京市殡葬行业的科学发展。殡葬服务机构应配合政府推进殡葬改革,在维护殡葬市场秩序、促进殡葬资源的合理运用、保护生态环境、保障社会公平等方面发挥功能。政府在殡葬市场要注意正确的定位,转变政府职能,积极推行政事分开、管办分离。北京市民政部门要逐步与经营性质的殡葬服务机构脱钩,坚持经营与管理分开、经办与监督分离,实现殡葬管理监督的透明化,实现殡葬行业在政府绿色引导下的可持续发展。

2. 加大教育宣传力度,培养绿色营销意识

政府和殡葬服务机构绿色理念和战略的实施,需要社会公众的支持。目前我国民众还普遍缺乏环保意识,相当多的人对环境问题缺乏足够的认识,北京市政府部门必须承担起绿色教育的职责,采取多种形式针对不同的对象进行绿色宣传和教育,以增强市民的环保理念和绿色意识。具体来讲,加强绿色教育包括两个方面:一是政府部门利用各方面力量对消费者开展绿色教育。充分利用新闻媒体的优势,进行环保知识和绿色消费意识教育,介绍绿色消费给环境和社会带来的好处。通过公益广告等形式告诫广大公众,土地资源日益减少,环境资源遭到破坏,人类生存环境正面临严峻挑战。利用清明、冬至等殡葬活动较为活跃的时机加大宣传力度,向社会传递现代殡葬理念和介绍殡葬形式,逐步转变公众传统的殡葬观念和风俗习惯。通过各类绿色殡葬公益活动,加强公众的环保意识,使绿色殡

葬消费观念深入人心。充分发挥政府的引导职能，针对不同服务对象、不同消费需求层次，引导消费者深切理解绿色营销理念，加强绿色殡葬消费信心。二是对北京市殡葬服务机构进行全员绿色教育。绿色营销的实施，有赖于企业经营活动的各个方面和各个部门的有效配合，需要殡葬服务机构的财务部门、人事部门、营销部门等的全体员工的共同配合。政府部门应该大力支持北京市殡葬行业开办以"绿色营销"为主题的培训班、研讨会，印制并发放相关读物、报刊和资料，通过改革绩效管理制度、进行考核等方法激励全体员工认真学习。同时通过组织知识竞赛、文艺会演等多种形式，大力倡导殡葬服务机构绿色企业文化，加强全体殡葬从业者的绿色营销意识。

3. 完善绿色营销法律法规，加大殡葬执法力度

殡葬服务机构营销策略的有效实施是以其生产和经营策略的合法性为基础的。发挥绿色法律法规作用，促使殡葬服务机构规范自身行为，自觉实施绿色营销策略。推动殡葬行业绿色营销的发展，健全的法律体系、良好的法律环境是基础。经过多年努力，我国已经基本建立了较为完善的环保法律体系，但直接规范绿色营销行为的相关法律还不完善，政府的保障作用不能充分地发挥。同时，殡葬行业尚没有一部专门的法律规范殡葬市场和殡葬服务机构经营活动，因此，政府有关部门应积极启动殡葬相关法律法规的制定和修订。对于制约殡葬改革和殡葬行业绿色营销发展的瓶颈问题，应通过多途径、多渠道的大量调查研究，详细论证、仔细推敲，推动《殡葬管理条例》的修订，并为相关法律法规的制定提供必要的基础和准备。严格执行已出台的《殡葬管理条例》、《北京市殡葬管理条例》及《中华人民共和国环境保护法》等法律法规，确保殡葬经营活动的依法进行。加强北京市殡葬行业执法机构及其队伍建设。殡葬执法工作范围广、数量大，需要一个专设的部门来协调和组织，及时开展执法工作，查处和纠正殡葬违规行为。强化殡葬执法职能，将现在的多部门执法工作通过委托形式交由民政和公安两个部门，其中，民政部门负责实施殡葬具体执法工作，公安部门负责保障执法秩序和安全，强化民政执法的权威性，建立

高效、统一的殡葬管理和执法新机制。同时，强化执法队伍的能力建设，提高执法人员素质，加大执法力度。

4. 加强政府绿色保障制度体系建设，鼓励殡葬行业绿色营销实施

用经济手段规范北京市殡葬行业行为，加强政府绿色保障制度体系建设，可以采取以下措施。

（1）实施经济手段消除绿色营销负外部性

建议北京市政府部门在政策制定上引导殡葬行业绿色营销的推广，制定北京市殡葬行业绿色补贴管理办法，对殡葬行业具有正外部性的绿色营销策略和绿色殡葬消费行为实行一系列税收优惠、现金补贴、放宽信贷条件等优惠政策鼓励节能减排。如对殡葬服务机构实施绿色营销的给予优惠的贷款条件，根据绿色葬式对环境的贡献程度给予一定的政府补贴，推动殡葬服务机构绿色营销的发展，鼓励市民选择绿色文明的殡葬形式，逐渐在全社会形成科学、绿色、文明的丧葬风尚；对环境造成污染的传统营销策略和非绿色殡葬消费行为实行严格的税收制度和监管，如对乱烧纸钱等污染环境的行为罚款。

（2）加大政府购买力度

目前政府的公益功能薄弱、范围小、局限大，很难直接引导殡葬改革向着绿色的现代化方向发展。政府买单的项目仅针对基本殡葬服务，是以火化改革为中心设计的。人类殡葬活动的本质是一种文化活动，火化改革的本质也是一种文化的变革，如何从绿色殡葬文化的角度去扩展政府买单的殡葬项目范围，是时代发展的新需要。建议北京市政府部门扩大政府买单的项目范围，例如，对绿色丧葬形式或服务采取政府购买形式，来鼓励人们选择绿色的、现代化的、体现殡葬文化内涵的殡葬活动模式。

（3）完善殡葬服务价格管理机制

《关于进一步深化殡葬改革促进殡葬事业科学发展的指导意见》明确提出："要严格执行政府定价、政府指导价，带头降低市场调节价、发挥平抑物价的作用，规范殡葬服务收费项目，保证同类殡葬用品价格不高于市场价，中低价位殡葬用品足量供应，不得捆绑、强迫或误导消费。"由

于殡葬行业没有完全市场化，还未形成自由竞争模式，建议政府完善殡葬服务价格管理机制，制定北京市殡葬行业价格管理办法，这是规范殡葬服务价格、稳定殡葬市场最直接有效的手段。对于网络祭奠、鲜花祭奠等现代化绿色殡葬产品和服务的价格，应通过政府指导价、市场调节价进行规范化管理。

5. 加强殡葬行业标准化建设，提升绿色殡葬服务水平

殡葬行业长期受到社会的负面评价，其根源主要是殡葬服务理念落后、服务水平偏低和管理方法失效导致服务能级不高，难以达到治丧者的期望。为了保证殡葬服务机构在服务、经营、管理等方面的最佳秩序，推动殡葬行业绿色营销有序进行，需要针对现实殡葬服务情况建立相应的标准化体系来进行规范和制约。北京市近年来制定了一些殡葬行业地方标准和技术规范，但总体上，殡葬行业的标准化工作刚刚起步，标准的制定虽取得了较大进展，但实施进展缓慢，标准的宣传监督机制尚未建立，因此殡葬行业标准的执行存在困难，直接制约了殡葬行业的有序发展，同时专门针对殡葬行业绿色营销实施的相关标准还处于空白状态，影响了绿色营销的推广。为解决此问题，应尽快制定殡葬服务的行业标准，例如，水晶棺等殡葬用品的产品标准，殡葬服务和产品的价格指导体系，殡葬从业准入资质标准等，通过行业标准来规范殡葬服务机构行为。建议对殡葬绿色营销技术标准和服务规范相关内容进行深入的调查研究，为建立相关殡葬行业地方标准和实施细则提供科学依据。

6. 健全殡葬行业组织，促进殡葬行业绿色营销发展

发展殡葬行业的绿色营销战略，仅依靠政府是不够的，还需要社会组织的参与和支持。目前，国内多数地方殡葬行业协会普遍行政色彩浓厚，仍采用行政机构的思维、方法处理事务。改变政社不分的运行模式，明确政府部门和殡葬行业协会的目标、功能、职权、行为方式和运行机制，使殡葬行业协会在殡葬服务市场管理中发挥其特殊功能。民政部门应根据北京的具体情况，将属于一些行业自律管理的权力以委托方式授予北京市殡葬协会，充分发挥其在殡葬服务市场中自我管理的功能。北京市殡葬协

会可以通过北京市殡葬协会倡议书的形式，倡导科学、文明、环保的丧葬理念；通过开展丰富多彩的协会活动，潜移默化地灌输绿色殡葬营销观念。

### （三）北京市殡葬行业绿色营销殡葬服务机构采取的措施

1. 转变殡葬服务机构生产经营方式，树立绿色营销观念

经济与环境协调发展是经济发展的新目标，殡葬服务机构在提高企业自身经济效益的同时，提高社会效益。殡葬服务机构实施绿色营销，不仅要考虑自身的生产决策，同时要兼顾环境和社会的利益，承担起对环境和社会的责任和义务。长久以来，"殡葬行业不急需实施可持续发展战略""绿色营销会影响殡葬服务机构效益"等错误观念一直是影响殡葬行业绿色营销实施的重大阻碍。殡葬服务机构需转变传统的忽略生态环境的错误营销观念，主动承担起保护生态环境的社会责任，把绿色要素作为决策因素之一。殡葬服务机构在制定发展规划、进行营销决策和管理时，应注意绿色意识的渗透。在殡葬行业可持续发展目标下，调整营销战略和自身行为，从单纯追求利益的短期目标转向长期可持续发展的最优化目标。殡葬服务机构要牢固树立绿色营销观念，实现殡葬行业的全面协调可持续发展。

2. 推行绿色殡葬文化，为推动殡葬行业的绿色营销夯实基础

殡葬服务本质上是一种文化服务，殡葬建设始终与文化建设密不可分。随着经济社会的发展，人们对物质的追求逐步转向精神层次，引导和满足人们丧葬活动中的精神文化需求是殡葬行业的重要社会责任之一，也是推动殡葬行业绿色营销实施的重要途径。殡葬消费活动包括物质消费、服务消费和文化消费。据粗略统计，目前殡葬消费中"物质消费"占70%，"服务消费"占25%，而"文化消费"仅占5%，由此可见文化消费所占比例甚微。严格控制墓地等耗费资源的物质消费，鼓励少占资源甚至不占资源的文化消费，是适应社会发展的现代化殡葬发展方向。因此，北京市殡葬行业要加强文化服务，通过文化服务建设来强化社会主义核心价

值观。

（1）推出多种绿色殡葬文化服务项目

针对不同消费层次和需求层次的客户，提供不同内容的绿色文化服务项目，以满足不同消费层次的殡葬需求。转变殡葬服务模式，更加注重保存生命要素和人生文化，可以开展多种现代化的绿色殡葬服务。例如，微量骨灰保存服务；保存生命要素服务，开展具有逝者生命特质"DNA"的头发等一类载体的保存；保存人生文化，开展特有的、宝贵的，反映社会发展历史的人生文化保存。英国一家公司用逝者骨灰制作唱片，将逝者的遗嘱、歌声、生前喜欢的音乐等录制进唱片，在家中播放就可以悼念亲人。同时，殡葬文化服务要注重"以人为本"的理念和"人文关怀"的精神。公众的奔丧时间一般在 2 小时（告别）至 48 小时（守灵），集体的活动时间仅是告别仪式的 2 小时，往往很难充分宣泄情感。可以通过丰富告别仪式的程序和文化内涵，开展护灵仪式、骨灰交接仪式等，发挥殡葬仪式情绪治疗的绿色功能，以此来替代烧纸等传统殡葬活动。

（2）积极开展新的殡葬文化活动

围绕"六个殡葬"开展内容丰富、形式多样的殡葬文化活动。北京市在清明期间就曾多次推出"清明节民俗图片展"等各类清明祭扫活动和文化活动。例如，房山区的云居寺结合当地民俗和佛教特别推出了"文明祭奠、绿色清明"主题民俗活动。到场的游客可以免费品尝枣仁烧饼、云居寺佛糕和一指禅素肠等寒食，可获赠一顶柳条帽和一枝折柳，为自己和家人祈求平安幸福，还可参加寺内的超度法会，表达对亲人深深的思念。北京市殡葬服务机构应加大力度在清明节期间举行各项活动，广泛有效地展现现代殡葬的风采，改变人们传统的殡葬观念。

（3）殡葬设施建设融入文化功能

文化设施工程的建设将推动殡葬活动从内部到外部共同提升。以公墓为例，现代化转型的核心是文化转型。受传统思想的影响，公墓成为集中安葬大众骨灰的场所，而公众的入葬活动，还十分粗陋，要改变这种情况，建设有文化底蕴的现代化公墓已经成为公墓可持续发展的重要目标。北京天寿园中华青少年生命教育馆新馆已于 2011 年 4 月正式对外开放，展馆内容、形式、功能作用等方面都有全新的改良和优化，以实现"生命影响生命、生命感动生命"的精神传承。上海海湾寝园的知青广场和知青博物馆，是富有文化特色的殡葬设施。知青广场 200 米的长廊用影雕艺术展现当年知青战天斗地的历史情景；知青博物馆大量珍贵的"知青文物"诉说着当年知青的工作和生活。各种类型的殡葬文化纪念设施和展示活动正在以现代化的模式改变着殡葬设施原本的陈旧形态，也会将现代的绿色殡葬观念带给人们。北京市殡葬设施建设应融入绿色理念和文化功能，逐步由单一祭祀功能向绿色休闲、生命教育、文化保存等复合功能转变。

3. 倡导绿色的遗体处理和祭奠方式

北京市殡葬行业的绿色营销提倡绿色的遗体处理方式和文明节俭的祭奠方式。可借鉴国内外先进经验，引进、研发绿色的新型遗体处理方式。例如"遗体生态葬"，即用可降解环保材料制作的棺材装殓遗体，深埋地下，不留坟丘和墓碑，而是以植树代替立碑，这种生态葬避免了火葬费用高、资源浪费、环境污染等弊端。同时，需要具有现代营销理念的专业殡仪服务人员对殡葬消费者进行引导，推荐新型遗体处理方式并倡导采用植树、鲜花、祭文等文明环保的祭扫形式来寄托哀思。在殡葬用品销售的服务中，应有专人向客户介绍各类绿色、健康、文明的殡葬用品，既能满足客户的寄托哀思的心理需求，又符合绿色营销的要求。近年来，北京市很多殡葬服务机构推出网上祭奠、家庭追思会、代客祭扫等新模式，在一定程度上缓解了清明、冬至集中祭扫带来的交通拥堵、环境污染等社会问题，新的绿色祭奠方式推动了殡葬行业绿色营销的发展。

4. 大力开展殡葬绿色产品创新，加强科技开发

市场营销最本质、最核心、最关键的工作就是产品创新，创新是推动殡葬改革，促进殡葬行业可持续发展的必由之路。殡葬行业的绿色创新，就是将新绿色产品、新绿色工艺、新绿色服务成功地引入殡葬市场，既能够满足殡葬消费者的绿色需求，也是殡葬服务机构生存发展的客观需要。

持续研发创新绿色殡葬产品，才能优化殡葬机构核心竞争能力；持续提升创意殡葬服务，才能实现最完美的人生告别。近年来，北京市殡葬行业在功能开拓方面进行了很多大胆的创新。如殡仪服务方面，从原先仅提供告别场所的单一丧仪服务发展为哀伤辅导、殡葬仪式策划以及通过人生小电影等形式传承人生文化等多元服务模式。各大公墓也突破了"卖墓"的单一营销功能，逐步开拓出生命教育功能、旅游观光功能、生态保护功能等。

殡葬行业科技创新具有一定的规律性。首先，北京市殡葬业产品创新需要科技支持。航天技术、纳米材料、云终端、二维码等都会成为殡葬活动的新元素，特别是网络技术和创意产业将会在殡葬业产品创新中发挥重要作用。更多地引入社会专业力量、先进科学技术、成功经验，采取互利共赢、相互合作的举措。重视学习国际先进创新成果和技术，例如开展对无污染的"水葬"等新技术的研究。其次，北京市殡葬业产品创新应满足"人性化"需求。普通产品创新，大多关注产品的性能和经济效益，而殡葬行业的特殊性要求产品除了关注以上因素，还需特别关注其满足人性化需求的状况，强调精神与情感需求。例如，上海归园和颛桥寝园早在2009年就推出了一种新式的"复式家庭葬"，这种葬式鼓励直系亲属多代合葬，不仅节约了土地，而且方便祭扫。"复式家庭葬"墓穴固定在1平方米的范围内，墓穴向地下纵深处发展，最多可以安葬8具骨灰，单具骨灰仅占地0.125平方米，穴坑分上、下两层设计，采用人造石箱，既可防水也可防潮。这种多代合葬的形式，既满足了人们"入土为安"的传统诉求，又满足了"四世同堂"的敬祖需求，完整地保存了整个家庭的代际情感，成为家庭精神传承的象征，具有凝聚亲情的重要意义。再次，北京市殡葬业产品创新应融入文化元素。千年的积淀形成如今的殡葬习俗，因此一般意义上的倡导节约、绿色，收效甚微，必须找到能让公众充分表达"孝心""思念"的新途径和新方法。上海滨海古园墓地首次举行了"民族专场音乐集体葬礼"，同时由笛子演奏家许国屏领衔的"多功能笛子演奏团公益演出实验基地"揭牌成立。倡导运用高新技术保存人生文化，弱化公众对遗体、骨灰保存的过度关注情绪，从而节约资源。最后，北京市殡葬业产品创新应成为自觉行为。产品的创新不能停留于自发的、个体的层次上，而是要成为殡葬行业的自觉行为。

5. 加强殡葬行业绿色营销宣传，彻底转变传统观念

殡葬服务机构要借助大众传媒，进行产品和服务的宣传，提升组织形象，但往往受到很大阻力。因此，殡葬行业对于绿色营销的宣传，除了努力争取大众媒体传播，同时可以依靠组织传播，构建多重组织传播体系。推动媒体对"厚葬""入土为安"等这些违背绿色营销的传统观念的正确剖析，在内容上，大力传播名人绿色殡葬模式的重要意义和人民群众对现代化殡葬模式的体验；在时间上，从清明、冬至的集中报道延伸至一年之中的诸多时间段。加大清明节的宣传力度，以清明节为契机，做好绿色殡葬宣传工作。

清明节是与殡葬行业紧密相关的传统节日，通过"清明文化工程"宣传现代殡葬文化，开展绿色殡葬营销活动，成为北京市殡葬行业绿色营销发展的一个新动力。每年推出一个新的文化主题，成为殡葬行业年度发展的主旋律。主题的选取要依托政府的支持和媒体的关注，将"清明文化工程"的影响最大化。开发社区功能，使其成为公众清明文化活动的重要基地之一。传统的清明活动主要集中在公墓、家庭和社区进行，但改革开放后，人们对在公墓内开展的清明活动高度重视，部分家庭还保持着家庭祭奠的习惯，但社区的清明活动已经基本消失。在我国老龄化严重的社会背景下，社区中老人逝世的情况较多，在清明期间发挥社区功能，在社区中开展社祭活动，追思和缅怀先人，是十分必要的。例如，连续多年的清明节，北京市西城区 255 个社区开展社区共祭活动，面向来京务工人员、社区居民就近提供清明祭扫服务。各个社区的共祭活动各有特色，通过作诗朗诵、挥笔作画、发放清明踏青服务手册等多种形式祭奠先人。社区共祭活动不但可以满足公众的祭扫需求，也可以联结邻里感情、建立和谐邻里关系，以此为契机宣传绿色殡葬文化，引导公众文明祭扫。

**6. 实施人才战略，建设优秀绿色营销团队**

北京市殡葬服务机构应把人才作为一种战略资源，注重加强对人才的吸引、培养和使用。《关于进一步深化殡葬改革促进殡葬事业科学发展的指导意见》明确提出："开展殡葬从业人员职业培训、考核、鉴定，探索建立殡葬从业人员资格准入制度，加强殡葬人才队伍建设，提高殡葬职工整体素质和能力。"为使北京市殡葬服务机构能够向公众提供有文化品位、技术含量、情感体验的高品质殡葬服务，要有计划地招聘吸引人才、开展多种教育培训、完善各种激励措施，依托社会广阔的人才库和广大专业院校的优秀毕业生，引入职业经理人、策划、营销等专业人才，打造完美的殡葬团队，全面奠定殡葬行业的生存基础和增强其发展潜力。

北京市殡葬行业绿色营销的发展与推广需要既懂得殡葬专业知识又具有绿色殡葬理念的专业人才输入。目前，我国已有北京社会管理职业学院、长沙民政职业技术学院、重庆城市管理职业学院、武汉民政职业学院4所民政类高职院校和辽宁省民政学校、江西省民政学校等若干中专院校开设了殡葬专业的学历教育，每年可为殡葬行业输送很多具有现代绿色殡葬理念和专业素质的毕业生，但是北京市各大殡葬服务机构能够招录的殡葬专业毕业生却为数不多。一方面，由于受北京市殡葬服务机构人事管理制度所限，多数事业单位性质的殡葬服务机构招录人员每年指标有限，同时由于殡葬专业毕业生最高学历为大专，所以很难获得正式编制；另一方面，工资待遇偏低，不仅与南方沿海的殡葬服务机构的待遇相比有较大差距，与北京的高房价、高消费也是不成比例的，因此对殡葬专业的学生吸引力较差。北京市殡葬服务机构应该从改革人事管理制度、建立新型的用人机制；改革分配机制、建立有利于人尽其才的分配激励机制两方面入手，吸引更多优秀的专业人才加入殡葬行业。

殡葬行业绿色营销作为新生事物，对营销人员和专业技术人员要求较高，只有针对性地进行培养和训练，才能为殡葬服务机构输送更多优秀人才。北京市殡葬职业技能鉴定中心通过实施殡葬行业职业技能鉴定以及开展殡葬职业教育和培训，使从业人员素质不断提升，殡葬行业人力资源建设取得了显著成就。虽然北京市殡葬行业的培训工作蓬勃发展，但基本是职业技能的培训，对于营销、管理和创新型的培训很少。作为一个特殊的服务行业，专业技能的培训固然必不可少，但如何将单一的技术培训上升到提升综合能力的培训是值得我们思考的。殡葬服务机构培训的目标应该是：提高员工的综合能力、塑造员工的高尚人格、提升殡葬业的社会形象。

虽然殡葬行业在国内、国际的交流机会日益增加，但不能仅局限于殡葬服务机构领导带队参加殡葬展览会或者是各地互访式的简单学习，可以采用挂职锻炼或者短期实践的形式，切实学到对方的长处，注意收集先进的经验和营销案例，编辑成册作为培训资料。只有建立了系统的殡葬人才教育体系，北京市殡葬行业的绿色营销才能顺利发展和推广。

7. 提升"网上祭奠"的服务能级，创新绿色殡葬营销载体

网上祭奠，追根溯源是来自网友自发的对一些灾害事故中遇难者的悼念，作为一种新鲜的事物，很快就得到了大家的推崇和效仿。在很短的时间内，全国的网上祭奠类网站已经发展到上万家，其中"华夏祭祀网""中华祭祀网"等已经拥有较多的注册用户和稳定的运营管理。网上祭奠作为一种全新的祭祀方式正受到网友尤其是年轻人的热捧。网上祭奠的特点归纳起来有如下三点：一是节约资源，绿色环保。由于忙碌或其他原因不能到现场祭奠自己亲友的客户，可直接登录网站进行文明祭奠，不仅可以在网络上看到自己逝去亲友的生平资料，还可以为其送上其生前喜欢的音乐、鲜花，给已故亲友上香、敬酒等，既节省时间，又节约能源。二是传承人生文化。死亡是生命在物理空间中的完结，而在逝者遗属的记忆里他的音容笑貌、一举一动依然很清晰。将逝者生前的照片、录音、录像、文字等宝贵资料上传，网络多媒体技术可以让其在虚拟网络空间得到重生，突破了空间的限制，使逝者的精神财富以虚拟的形式得以传承。三是提供互动新模式。通过网络可以为逝者上香、燃烛、献花、祭酒等，使心灵上能和所要祭祀的对象靠近，甚至可以建设一个虚拟的网络天堂，让逝者在网络天堂中安家，亲属可以通过网络与逝者互动，包括为其建设房

屋、添置家具等。

网络祭奠对殡葬行业的绿色发展起了一定的推动作用，在国外已相当成熟，但在我国一直处于不温不火的状态。这一方面是受到传统观念的影响，另一方面是由于技术支持的不成熟和监管的缺失。目前的祭奠网站虽然都是免费注册的，但申请建设纪念馆等就需要支付一定的费用，而祭祀网站的收费标准混乱，其中的一些还存在乱收费现象，甚至有些祭祀网站短期上线后随意关停，既造成了遗属的财产损失，又造成了其情感的损失。消除网络祭奠推广存在的阻碍，提升网络祭奠的服务能级，有关政府部门应完善网络祭奠相关法规条款、规范网络管理、引导群众参与网络公祭、对一些具有特色的公益性祭奠网站提供财政和政策支持。北京市殡葬服务机构应整合网络祭奠和传统祭奠功能，使其相互配合。网络祭奠具有环保、便捷等优势，而传统祭奠又能切实地满足遗属的精神需求。把两者的优势进行整合，将是网络祭奠的出路。

### （四）北京市殡葬消费者绿色需求培育采取的措施

#### 1. 转变传统丧葬观念，树立绿色办丧新风

殡葬行业绿色营销不仅是一个单纯的营销学概念，还与民众的丧葬观念有着密切联系，丧葬观念指导着人们的殡葬活动。"隆丧厚葬"的传统丧葬观念，只考虑故人在另一个世界的安宁，却忽视了子孙后代的生存与发展，是不切实际的。追求奢华气派的大墓、豪墓等对社会资源的浪费都是与殡葬行业绿色营销的理念背道而驰的，大大阻碍了殡葬行业的可持续发展。随着死亡人口的逐年增加，墓地需求也逐年扩张。海葬、树葬、草坪葬都属于绿色的殡葬方式，有利于土地资源的节约，其推动过程的本身就是殡葬改革的推进、移风易俗的创举，而绿色殡葬前进的每一步都会遇到旧习俗的挑战。《关于进一步深化殡葬改革促进殡葬事业科学发展的指导意见》明确提出："树立移风易俗新风尚。积极探索和推广能够满足人民群众缅怀先人、慎终追远的愿望和需求，与当代社会相适应、与现代文明相协调的殡葬习俗和文化形式。"这说明"慎终追远"传统文化是殡葬

文化的核心，积极探索和推广现代殡葬习俗和文化形式是丧葬文化发展的方向。殡葬行业的绿色营销，在殡殓祭祀活动中应贯穿"绿色"理念，如消除物质和精神污染，倡导低碳、文明的殡葬活动。同时，全新的丧葬观念，要依靠殡葬服务机构和殡葬职工有效地传递给殡葬消费者。例如，在殡仪馆和公墓园区内推行现代的专业礼仪服务项目，引导遗属进行文明的、绿色的丧葬活动，有助于现代丧葬观念的建设，可逐步用文明的殡葬活动取代焚香燃烛等传统的殡葬形式。随着民众丧葬观念的不断更新和改变，会有越来越多的人为先人选择绿色的丧葬形式，选用绿色的殡葬用品和祭奠方式，为殡葬行业的绿色营销打下坚实的基础。

2. 提升居民收入水平，增强其绿色消费能力

当某种市场需求发展到或者预期会发展到能给企业带来新利润时，具有洞察力的企业就会通过实施新的营销策略满足这种需求。此外，消费者的绿色需求是有层次的，与消费者的收入水平、学历水平和消费者的绿色消费意识有着密切联系。对北京市殡葬行业绿色营销情况进行的调查研究显示，殡葬消费者的受教育程度和收入水平与殡葬绿色消费意识呈正相关。高学历和高收入的消费者，愿意支付较高的边际成本，因为他们更加注重产品和服务的品质，同时也注重满足其身份、地位等方面的心理需求。因此，要增强北京市殡葬消费者的绿色消费意识，必须切实提升居民的收入水平。

第三章

# 绿色殡葬收费政策研究

在当代社会，随着经济发展和社会进步，人们对于生活质量的要求日益提高，这种需求变化同样反映在对殡葬服务的期待上。殡葬服务作为社会基本公共服务的一部分，其管理和收费政策直接影响到公众的利益和行业的健康发展。然而，现有的殡葬收费政策往往受到社会总体改革的影响，表现出对于社会变化和殡葬管理改革需求的响应滞后。这不仅影响了殡葬服务质量的提升，也制约了殡葬行业的可持续发展。因此，深入梳理和分析殡葬收费政策存在的问题，并探讨其改革方向，对于推动殡葬总体改革，实现殡葬服务的公平、公正与高效具有重要意义。

首先，当前殡葬收费政策在制定和实施过程中，常常缺乏足够的灵活性和前瞻性，难以适应社会经济发展和人民生活水平提高的需求。其次，殡葬收费标准的不透明、收费项目的复杂多样以及部分地区收费过高的问题，进一步加重了公众的负担，影响了殡葬服务的公平性和可及性。此外，殡葬收费政策的制定和调整往往缺乏充分的社会参与和公众监督，导致政策的合理性和可接受度受到质疑。

针对上述问题，本书旨在通过系统梳理和深入分析当前殡葬收费政策的现状及存在的主要问题，探讨其背后的原因，并提出相应的改进建议。通过研究，为推进殡葬收费政策的改革提供理论依据和政策建议，以期促进殡葬行业的健康发展，满足公众对高质量殡葬服务的需求，实现殡葬服务的社会公平和经济合理。这不仅有助于提升殡葬服务整体水平，也是推进社会文明进步、维护社会和谐稳定的重要举措。

# 一、现行殡葬管理及其收费政策研究

殡葬收费政策作为殡葬服务管理的有效调节手段之一，是确保殡葬事业健康发展的重要管理制度。

## （一） 国际殡葬管理与收费政策研究

本研究按照法系分类，对比分析国外典型代表国家的殡葬与收费政策。

### 1. 英美法系国家殡葬政策

在殡葬立法上，英国启动较早且法律法规比较完善，1953 年通过《出生与死亡登记法案》，随着殡葬业的深入发展，先后通过了《葬礼及墓地法规》《伦敦市葬礼及火葬场规则》《关于购买墓地和葬礼的规定》《苏格兰火葬法》等，相关的法律法规几乎对殡葬行业的各个方面进行了规定。英国法律允许土葬和火葬，遗属有自由选择火葬或土葬的权利。政府无专门的殡葬管理机构，也不会直接干预管理殡葬活动，由企业和殡葬标准协会实施自律管理，是一种典型的以市场为主体、政府为补充的殡葬管理模式。火葬场和墓地归国家所有，但私人企业经政府批准可以承包经营，殡葬业的市场水平较高，公司制的服务经营方式十分普遍。官方建成"自然丧葬中心"，还于 20 世纪末期落成了全球第一个"自然丧葬陵园"，其墓园环境优美、管理全面，英国政府大力宣传，积极鼓励公民采用树葬、草坪葬、花坛葬等生态方式，规定一般墓穴为 30 年的使用期，到期后又可以安葬新的遗体或骨灰，从而真正实现"二次利用"。政府通过向低收入家庭发放社会丧葬补贴，使其有能力负担最基本丧葬服务的费用，免费为孤老等困难群体提供丧葬服务。同时，英国殡葬业发展注重标准化管理，设有殡葬标准协会（FSC），重视殡葬标准的培训和推广等。

美国的法律体系庞杂，虽然没有专门的殡葬法，但殡葬的相关管理条文却见于诸多法规中，如卫生、行政许可、建筑等法规规定了殡仪馆、公墓的设施要求、经营条件、服务范围等，严禁违法经营。殡葬服务经营许可制度、服务基金制度、生前预约服务合同、从业人员执业资格等制度以及设施标准等一系列制度，形成了兼备可操作性和特色鲜明的法律制度，构成美国殡葬法律的组成框架。国民可自选火葬或土葬。联邦殡葬管理委员会是其管理殡葬的主要政府机构，以立法为主要手段，监督和指导全美的殡葬管理；地方的殡葬设施规划和建设、殡葬机构的成立、监管殡葬服务等由州、县政府负责；职业安全与健康管理委员会、联邦贸易委员会等专门业务委员会和州卫生署等机构和部门享有殡葬业相关的立法权和管理权，权限有限，但较为明确；国家殡仪指导师协会、防腐师与殡仪从业者协会等社会组织对殡葬管理的影响十分明显。美国的殡葬选择性服务的企业产业化运营水平也很高，除国家公墓之外的墓地和殡仪馆均为私营，SCI集团是全球最大的殡葬公司（上市公司），教会等非营利组织的介入，发挥着平衡市场和公益的积极作用。美国对公墓的管理十分严格，实行公益性国家公墓与经营性公墓并存的"双轨制"管理，对日常养护等均有规定，国家公墓主要面向低收入群体提供基本标准的墓型和面积，但对于自主挑选的墓碑和墓位面积是要收取费用的，消费者可自由选择私营的经营性墓地及其墓碑和面积，但通常费用较高，因其属于永久性使用。美国的殡葬经营考虑大众利益和公共福利，不仅实施普惠化的殡葬救助保障制度，鳏寡老人的丧葬费可用养老保险金支付，还通过非营利性丧葬自助组织和较廉价的服务公司，为阵亡和退伍军人提供完全免费的服务。美国的殡葬服务十分注重科技与个性创意相融，如遗体液化、葬礼定制、生前契约等。殡葬教育等专业化水平相当高，设立的殡葬专业院校和继续教育中心有近百所，并规定从业者须具有执业资格，已注册的须参加继续教育。

2. 大陆法系国家殡葬政策

德国联邦及各州政府均有较为全面的殡葬法律法规，为殡葬管理提供完善的法治保障，如《勃兰登堡州殡葬法》等。民众亦可自愿选择火葬、土葬或其他葬式。德国殡葬管理权责更为精细化，当前改革热点是推行遗体火化，其火葬和遗体防腐由政府负责（有例外特许经营），而不是殡仪馆，且骨灰只能埋在公墓。殡仪馆能够几乎提供所有的细致入微的服务（服务与收费挂钩），死亡登记、帮助外籍逝者通知大使馆或领事馆、收集保险、安排遗嘱落实等。德国私人或家族参与殡葬服务的情况十分普遍，法律规定须经许可才能经营且要遵守各项规定，但只许注册非营利公司，若经营违反规定，将被处以罚款，其殡葬业像教育、医疗等公益行业，不以赚钱为目的。在市场经营和公益服务之间，廉价的社区殡仪馆起到了良好的平衡作用。德国的殡仪馆等殡葬设施常被建成城市的"绿色之地"，大多数从业者是殡葬专业的毕业生。德国也有普惠性的殡葬救助保障政策，并且十分注重标准化管理，制定了殡葬服务的行业标准等，使得殡葬服务工作更加透明化、规范化，强制性殡葬服务要求更加明确化。德国在创新开拓殡葬服务新领域和殡葬消费新方式方面表现突出，如殡葬预先关心、殡葬消费、电子商务化等。

与英国的殡葬立法特点类似，日本的殡葬立法启动早、法律制度完善，墓地及埋葬相关的管理规定最早可以追溯到1884年，历经十几次的修订，有关坟墓、埋葬的法律及其实施细则目前仍在使用。日本的殡葬法律较为严格，涵盖了对墓地以及埋葬的管制规定。这些法律规定了殡葬活动的一般原则、管理机构及管辖分工等内容。日本的殡葬业市场化运营水平较高，殡仪馆和公墓大多由私人兴办，而火葬场则由国家开办。日本殡葬从业人员执业资格制度、殡葬服务基金制度、生前预约殡葬服务合同制度较为完善，制定了殡葬服务设施标准、违反殡葬法规处罚措施等。日本政府负责墓地、骨灰存放及火葬场等设立或建设的审批，但不直接参与经营。此外，日本还通过细分殡葬服务，以达到平衡公益和市场的目的。日本建有普惠性的殡葬救助保障制度，享受低保者可以免费被安葬。日本政府极为重视殡葬专业教育、殡葬文化创新和生命教育，从业人员的整体素质很高，特别注重细节性殡葬服务。

3. 国际殡葬政策主要特点

以上国家在建有完善的殡葬法律法规的基础上，凸显出殡葬管理参与多元化、分工明晰化以及权责统一的格局，殡葬管理的模式各具特色，如英国的"自律管理模式"、美国的"以市场为主导的多元化模式"、德国的"政府主导模式"和日本"自治权限"。其殡葬管理具有政府管理十分到位、市场化运作效率高、经营方式较为普遍、极为注重平衡公益和市场、社会组织介入合理、行业协会作用明显等特点。此外，如英国公墓的管理模式，英、德的标准化殡葬管理及美、日许可经营的人性化要求都很值得我们借鉴学习。各国在构建先进和谐的殡葬文化、科技创新殡葬服务新形态、个性化创意服务和消费方式的创新,也给国内殡葬行业带来许多启发。这些优秀经验,对推进我国早日实现殡葬立法的完善、优化改进殡葬执法管理、深化殡葬改革和服务经营等都有很大的指导和参考价值。

### (二) 我国殡葬管理与收费政策研究

#### 1. 我国现行主要殡葬政策

相较美德英日等发达国家,我国启动殡葬立法的工作比较晚。1992年,民政部正式颁布《公墓管理暂行办法》,其中明确公墓的分类和主要建设单位、主管部门、建立程序和经营管理等方面的内容。为持续加强管理,纵深推进改革,1997年,国务院颁布《殡葬管理条例》,确定了殡葬管理的基本方针,明确了殡葬管理的牵头部门,对于殡葬设施的审批管理、丧葬活动的管理、遗体的处理要求以及殡葬设备和用品的管理、相关违规行为的处罚等内容均有规定,《殡葬管理条例》也是我国现行效力最高的殡葬法规。为推动行业健康和规范化发展,自2004年起,政府启动《殡葬管理条例》修订工作。从我国殡葬政策的演进轨迹(见表3-1),可以厘清政策导向的逻辑脉络。我国的殡葬改革政策经历了从倡导转变观念到强化硬件建设,再到完善服务保障的递进过程,既彰显了国家治理现代化水平的提升,也凸显了政府回应社会需求、推动公共服务均等化的责任担当。

表 3-1 中国主要殡葬政策文件

| 颁布时间 | 颁布单位 | 文件名称 | 内容摘要 |
| --- | --- | --- | --- |
| 2009 年 12 月 | 民政部 | 《关于进一步深化殡葬改革促进殡葬事业科学发展的指导意见》 | 遏制部分地区乱埋乱葬、火化率下滑的问题;改善服务设施,提高公共服务能力;建立和强化政府的投入机制,形成覆盖城乡的服务网络;重点加强建设和更新改造城乡公益性骨灰存放设施与落后的火化设备 |

续表

| 颁布时间 | 颁布单位 | 文件名称 | 内容摘要 |
|---|---|---|---|
| 2012年12月 | 民政部 | 《关于全面推行惠民殡葬政策的指导意见》 | 保障人民的殡葬基本需求，鼓励人民积极参与改革，提高火化和生态安葬率，到"十二五"末，力争在火葬区全面建立基本殡葬服务保障制度，基本实现殡葬基本公共服务均等化 |
| 2016年2月 | 民政部等9部门 | 《关于推行节地生态安葬的指导意见》 | 到"十三五"末，基于巩固和提高年均火化率，全国大幅提升生态安葬率，建成一批示范性生态安葬设施，初步形成其公共服务网，实行激励奖补措施，有效治理非法问题，树立殡葬新风尚，同时提高生态葬的服务水平，着手建设新的殡葬文化 |
| 2017年3月 | 国家发展改革委、民政部 | 《关于进一步加强殡葬服务收费管理有关问题的指导意见》 | 合理划分殡葬服务的性质，将其分为基本服务和延伸服务（选择性服务），并确定4项基本服务项目。基于确保基本服务的供给规模和质量，鼓励殡葬机构酌情开展延伸服务 |
| 2018年3月 | 民政部等16部门 | 《关于进一步推动殡葬改革促进殡葬事业发展的指导意见》 | 到2020年底，完成火葬区县级区域殡仪馆全覆盖，并符合国家环保标准，树葬、海葬等节地生态葬比例高于50%，推进殡葬机构管理体制改革 |
| 2018年9月 | 民政部 | 《殡葬管理条例（修订草案征求意见稿）》 | 拟扩充原条例到8章57条。坚定改土葬为火葬的改革，建立健全基本殡葬公共服务制度，坚持殡葬公益性（增加生态安葬为基本服务） |

　　虽然我国的殡葬管理法治建设启动较晚，但随着改革开放后经济社会的大跨步发展，我国殡葬管理政策法规创制与发达国家间的差距逐步缩小。从相关制度的内容发展演变进程可以看到，我国殡葬改革工作不断深

入，协调、生态发展的特点突出，内容核心体现"以人为本"的人文性和对殡葬公益性的巩固和维护，也在坚持推行殡葬深化改革、规范管理殡葬服务、保障群众殡葬需求、加强服务收费管理和积极推动生态安葬等方面，为全国深化殡葬改革、实施惠民殡葬和规范殡葬收费等方面提供了政策依据。

现阶段，已到了殡葬改革的攻坚期和转型的关键期，要坚持殡葬改革的方针，坚持工作的标准不降低，要站在全面深化殡葬改革、保障改善民生水平、推进生态文明建设的思想高度，深刻认识到抓好殡葬改革和推进殡葬工作的紧迫性和重要性，重点做好几方面的工作：首先，以新发展理念为指导，坚持深化殡葬改革，坚持"保护环境、节约资源、移风易俗、群众受益"的宗旨，找准提升改革成果的突破口和转型的切入点，不断引导殡葬改革的深入。其次，坚持"以民为本"，改变殡葬公共服务供应不足的现状，积极提升基本殡葬服务的公益属性，满足人民群众"逝有所安"的基本需求。最后，要坚持以问题为导向，尽力加强殡葬服务规范管理，从人民最需要和最不满意的地方抓起、做起，加强重点事项的管理监督，结合自身情况，针对人民强烈反映、社会集中关注的重点突出问题，加大监管和整治力度，特别是对一些地方反映的公墓墓位价格高、殡葬服务收费不当、殡葬市场混乱等问题，要采取措施强化监管，确保殡葬服务收费公开透明、依法依规。

2. 北京市殡葬政策的特点

作为首都，北京市积极落实党中央和国务院关于殡葬改革的要求，走在殡葬改革发展的前沿，殡葬相关法规的创制发展也较快进入轨道，在新形势下，为保证殡葬事业健康有序的发展提供了有力保障。1996年，北京市在全国率先颁布、执行《北京市殡葬管理条例》（2016年11月修订），标志着北京市进入殡葬管理法治化轨道。随后，北京市又陆续发布殡葬行业相关政策文件（见表3-2）。

表 3-2    北京市主要殡葬政策文件

| 类别 | 颁布年份 | 文件名称 | 内容摘要 |
|---|---|---|---|
| 收费标准 | 1994 | 《关于北京市回民殡葬业务收费的批复》 | 调整了含墓穴占地费等 18 类服务项目的价格 |
| | 2001 | 《关于调整部分殡葬服务收费标准的函》 | 调整了冷冻存尸费等 6 类服务的收费标准 |
| | 2017 | 《关于加强全市经营性公墓墓位价格规范管理的指导意见》 | 明确了经营性墓地墓价的结构，提出以实际经营成本、有关税金及合理利润核定本单位墓位价格 |
| | 2018 | 《关于进一步做好殡葬服务收费和管理工作的通知》 | 划分殡葬服务为基本服务和延伸性服务，明确了 9 类殡葬服务项目定价管理 |
| 惠民殡葬 | 2009 | 《北京市城乡无丧葬补助居民丧葬补贴办法》 | 定额补贴具有北京市户籍且未享受丧葬补助并符合补贴条件的居民 5000 元 |
| | 2009 | 《北京市骨灰撒海补贴管理办法》 | 补贴标准为每份骨灰 2000 元 |
| | 2010 | 《关于全面推进殡葬惠民便民举措的通知》 | 推出免费骨灰撒海等 4 项惠民殡葬政策 |
| | 2016 | 《关于健全本市节地生态安葬补贴激励机制的实施意见》《北京市节地生态安葬补贴管理办法》 | 定点服务单位定额补贴符合条件、实施骨灰海撒的骨灰补贴 4000 元/份；定点服务单位定额补贴骨灰自然（景观）葬的骨灰 4000 元/份；定点服务单位免费向重点优抚和享受本市低保的对象提供骨灰立体安葬格位，财政补贴 3000 元/格，服务期 20 年；财政补贴其他本市户籍逝者骨灰 1000 元/格，遗属承担 2000 元 |

    北京市殡葬改革进程紧跟国家殡葬改革的步伐，从 2009 年开始北京市
殡葬收费政策的出台在适时性、动态性方面较明显，并具有突出的引导
性，凸显了惠民力度大、惠民组合政策的特点，标志着北京市逐步探索出
符合时代和人民需求的殡葬业发展模式。

　　在建设国际一流、和谐宜居之都的关键期，"十四五"时期，北京市民政事业的发展面临全新的挑战和机遇。在此期间，北京市坚持完善制度、健全体系、突出公益、兜牢底线、精准服务、优化供给等原则，以率先建立适度普惠均等可及的基本社会服务体系、建立强有力的基础支撑体系和建立顺畅高效的新型监管体系为发展目标，深化殡葬服务和管理改革，确定基本服务均等化、延伸性殡葬服务多元化的发展思路，加快推进以"公益性殡葬服务为主体、营利性殡葬服务作补充、节地生态安葬为导向"的现代殡葬服务发展格局的构建步伐。未来5年，北京市将围绕两个方面推进殡葬改革工作，一是通过健全殡葬公共服务供给、市场监管、移风易俗等制度，编制殡葬服务中长期发展规划、实施节地生态安葬奖补政策深入推进丧葬礼俗改革、分类推进殡葬服务机构改革、加大对提供基本殡葬服务为主的殡葬机构财政保障力度，强化殡葬公益属性、稳步引入竞争，逐步放开殡葬服务市场、启动现有殡葬设施节地生态化更新改造工程，推动存量设施有序整合等措施加强殡葬服务总体设计。二是通过构建"基本殡葬服务体现公益、其他殡葬服务交给市场"的服务保障体系，加大对基本殡葬服务的投入，推进"互联网+殡葬服务"以及健全殡葬服务监管体系等途径深化殡葬服务供给改革。

　　从北京市殡葬改革的政策可以看出，北京市的殡葬改革呈现出三个鲜明特点：一是通过持续调整收费标准，逐步完善了北京市殡葬服务与产品价格形成机制，为建立与健全殡葬市场秩序奠定了基础；二是针对特定人群推出了一系列殡葬补贴举措，切实保障了城乡困难居民的基本殡葬需求，彰显了以人为本的价值追求；三是将生态安葬补贴纳入政策体系，充分发挥了经济激励在引导绿色殡葬方式、倡导文明殡葬新风尚中的关键作用。可以说，通过收费标准和惠民殡葬这两大政策工具的综合运用，北京市进一步强化了殡葬事业的公益属性，有效促进了殡葬服务的优质均等，为提升首都殡葬治理的精细化水平提供了有力抓手。不难看出，这些政策无不体现了政府在推动殡葬改革、回应社会关切、增进民生福祉等方面的不懈努力与担当作为。

3. 其他城市殡葬收费政策借鉴

在新时代社会主义市场经济体制改革不断深化的宏观背景下，各地殡葬服务定价机制呈现出差异化、多元化的发展态势。系统考察其他城市殡葬服务价格形成与调控的一般规律，通过深入剖析不同区域、不同发展阶段殡葬服务定价机制，进而提炼可资借鉴的殡葬收费政策改革经验，对于优化首都殡葬定价政策、推动行业高质量发展具有重要的理论价值和实践意义。

(1) 上海市殡葬收费政策

上海市的殡葬行业早在 20 多年前殡葬服务中心建立之时，就开始了市场化发展之路。根据当时行政体制改革的需要，上海市殡葬业实行管理体制改革，上海市民政局于 1998 年成立殡葬服务中心（以下简称"服务中心"），下辖龙华、宝兴、益善 3 个市属殡仪馆和 1 家骨灰寄存单位——卫家角息园，由服务中心负责市区的殡葬服务工作，市民政局殡葬管理处负责全市殡葬业的行政管理工作。经过 20 多年的发展，形成了今日的格局，市区殡葬服务的绝大部分份额被市区 3 家殡仪馆占据，其主要竞争对手则是近几年发展起来的殡葬中介。服务中心成立后，实行自收自支模式，多年以来，殡仪馆改造、设施设备更新、员工工资福利完全由殡葬服务机构自行解决，每年还要完成民政局下达的经济指标，所以殡葬服务机构把创造利润作为第一要务，实行了以利润为导向的考核分配体系，客观上强化了殡葬服务机构的逐利性，这也是上海市民感到殡葬费用不断增加的根本原因之一。

上海市殡葬收费相关的政策文件分为三类：一是有关收费标准的《关于降低骨灰堂管理费上缴标准提高墓穴费标准的复函》《关于调整本市公墓墓穴费和骨灰堂管理费标准的函》《上海市公示市属殡仪馆主要收费项目和标准一览表》等；二是有关惠民殡葬的《关于对本市特殊对象死亡后补贴殡葬费用的通知》《关于贯彻落实民政部〈关于全面推行惠民殡葬政策的指导意见〉的通知》《上海市节地生态安葬补贴实施办法》等；三是有关规范代理的《上海市殡葬代理服务合同示范文本》等。

（2）广州市殡葬收费政策

为满足广州市人民的基本殡葬需求，均等提供殡葬基本公共服务，2015年广州市民政局、财政局联合发布《关于免除户籍居民殡葬基本服务费用有关问题的通知》，实行免费向本市居民（回、维吾尔等10个少数民族由市伊斯兰教协会负责）提供遗体接运、消毒、冷藏、租用告别厅、遗体火化、普通骨灰盅和骨灰寄存7项殡葬服务的惠民措施。2016年两局又联合印发《关于免除非广州市户籍人员殡葬基本服务费用的通知》，将上述7项殡葬服务免费提供的范围扩大至非广州市户籍人员，针对当年9月28日（含当天）之后去世的非广州市户籍人员免费提供服务。2018年，广州市发展改革委发布《关于规范我市殡葬基本服务收费问题的通知》，确定了7项殡葬基本服务项目及收费标准，3项实行政府定价管理，4项实行政府指导价管理。

2019年广州市民政局、财政局再次印发《广州市困难群众殡葬基本服务费用减免办法》，对6类困难群众（含回、维吾尔等10个少数民族，安葬事宜由市伊斯兰教协会负责）提供减免9类殡葬基本服务项目（原7类基本服务项目上增加普通卫生棺和普通寿衣），对涉及刑事案件、交通事故、医疗纠纷、无人认领的遗体政府给予了更高额度的费用减免，以彰显对生命的尊重和对困难群体的关怀。相关人员去世后的殡葬基本服务费用，按照特困、城乡低保、享受抚恤补助等区别，由死者生前户籍所在区行政财政经费、城乡最低生活保障资金、优抚经费解决。近10年来，广州市坚持"节约用地、保护生态"的改革方向，持续推进殡葬行业改革。除越秀区之外，各区均建有公益性骨灰存放设施。在政府有力引导和多策共施的作用下，绿色殡葬理念逐渐被广州市民接受。目前，广州市已经形成以骨灰寄存为主，骨灰撒海或还林、草坪葬、花坛葬、壁葬等多种方式结合的"1+N"生态安葬服务体系，节地生态安葬率处于全国前列。

**（三）公共服务行业收费政策的借鉴**

北京市关于殡葬收费政策方面的研究尚属新的领域，关于殡葬服务项目的收费定价原则、定价方式、成本核算等方面缺少指导和依据，通过研究其他公共服务行业收费或定价政策以寻求启发和借鉴。

1. 公共交通定价政策

为解决公共交通需求量巨大的问题，市政府陆续出台政策进行改革，给予多方面的补贴：一是公共交通优先政策。设施用地优先安排、投资安排以政府为主导积极投入设施建设、路权分配公共客运优先，设立公交专用道且立法管理、财税管理方面，调整公共交通价格，加大财政补贴力度。二是公共交通区域差别化政策。针对各区域不同情况，因地制宜地发展管理和供给公共交通设施。三是"以政府为主导、以市场为补充"的公共交通产业经营政策。分类管理公益性和经营性基础设施项目，针对不同层次的交通需要，建立统筹协调的服务价格体系；给予企业承担的执行性、公益性项目相应的补贴；推进相关服务的特许经营，开放交通基础设施建设和服务经营的市场。

公共交通代表性定价政策文件有《关于调整本市出租汽车价格有关事项的通知》《关于调整本市公共交通价格的通知》《北京市城市公共电汽车和轨道交通价格动态调整办法》《关于印发北京市轨道交通机场专线定价机制的通知》等，其中《关于调整本市出租汽车价格有关事项的通知》是因油价上涨、出租车驾驶员收入年增长率等因素，通过提高出租车服务的价格，运用价格引导的经济手段刺激出租汽车综合服务能力和水平的提升，实现出租汽车整体运营效率全面提高的目标。《北京市城市公共电汽车和轨道交通价格动态调整办法》的实施，在合理、高效调配公共交通资源，提高公共交通运行效率和服务水平方面的作用明显，其设计思路和运行机制对殡葬服务定价极具借鉴价值。

综上，在设施用地、政府投资、权利分配、财税补贴、发展规划、市场经营、公交定价、调价机制等方面，公共交通相较于殡葬行业的资源支持和发展优势都很明显，这也是近些年北京市公共交通快速发展、服务能力持续提升的主要原因。

2. 养老服务收费政策

北京市现阶段已经处在中度人口老龄化时期。自2013年起，北京市陆续出台了《关于加快推进养老服务业发展的意见》《居家养老服务条例》《北京市养老服务设施专项规划2021—2035》《北京市"十三五"时期老龄事业发展规划》《关于全面放开养老服务市场进一步促进养老服务业发展的实施意见》《关于加强老年人照顾服务完善养老体系的实施意见》等法规和指导文件，持续健全养老服务的制度体系。目前，北京市已形成以老年人生活照料服务、健康和医疗护理服务、精神慰藉和权益维护为主的服务内容，构成了以居家养老、社区养老和机构养老为主的服务模式。

2011年，北京市民政局等部门联合发布《北京市居家养老（助残）服务指导性收费标准》，涉及6大类服务，共110项，基本覆盖老人购买的所有社会服务。2015年，北京市民政局等联合印发《北京市公办养老机构收费管理暂行办法》，规定公办养老机构收费以实际运营成本为基础，按照合理补偿成本的原则，明确收费项目及标准；建立动态调价机制，控制调价幅度，原则上每3年核定一次。2018年，北京市颁布《社区养老服务驿站运营扶持办法》和《北京市养老机构运营补贴管理办法》，积极鼓励社会力量兴办养老服务机构，提升养老服务质量。2019年，政府多部门联合印发《北京市老年人养老服务补贴津贴管理实施办法》，发放补贴和津贴给具有本市户籍且符合条件的老人。

与公共交通类似，北京市政府在养老服务政策创制、发展规划、调价机制和财税投入方面给予全面、有力的支持，使得养老服务政策制度体系不断完善，服务内容和服务模式更加丰富，促进养老服务事业飞速发展。

## 二、北京市殡葬收费政策问题与分析

殡葬收费政策受社会总体改革的影响，并呈现出滞后于社会总体改革和殡葬管理改革的特征，梳理并分析殡葬收费政策存在的问题，有利于推进殡葬总体改革。

## （一）北京市殡葬设施供给现状

### 1. 殡仪馆基本情况

近些年，北京市殡仪馆的数量一直保持在 12 家，均为市、区民政局所属事业单位，包括八宝山和东郊 2 个城区殡仪馆（主要服务"城六区"），通州、昌平、房山等其余 10 个区属殡仪馆（每区一个）。各殡仪馆之间火化量差异悬殊，其中八宝山殡仪馆、东郊殡仪馆、昌平区殡仪馆和大兴区殡仪馆承担较多中心城区居民火化需求，火化量较高；平谷区、怀柔区、密云区等生态涵养区的殡仪馆火化量普遍较低。

### 2. 墓园基本情况

北京市墓园整体呈现"多样化、个性化、多元化"的特点，墓园类型有城市经营性公墓、农村公益性公墓、城市公益生态葬和骨灰海撒服务点。民政局批准的经营性公墓 33 家，分布在全市的 14 个区，但在八宝山、香山、西山一带和昌平区较集中，粗略估计，八宝山地区的骨灰安置量约占全市总量的 14%，昌平区达 18%；部分公墓土地存量严重不足，如八宝山人民公墓、万安公墓、福田公墓、金山陵园、通惠陵园等公墓墓位趋于饱和或完全饱和。在农村地区，公益性公墓和集体埋葬点的总面积较大，但呈现出聚集且分布不均的特点，以顺义区和平谷区为主。农村公益性公墓普遍面临"规模小、分布散、标准低"的现状，且在审批备案制度、规划建设手续、建设标准、服务范围、占地规模及运营维护等方面均缺乏规范化、制度化的管理。当前，北京市殡葬服务领域面临的挑战主要集中在两个方面：一是在墓园规划与管理上存在不足，包括土地资源的紧张、服务设施建设的滞后以及管理体制的不完善等；二是在公墓审批、规划和运营等方面的制度化、规范化程度不高，导致服务质量和效率受到影响。北京市从 1994 年开始开展骨灰海撒工作，作为市政府购买服务项目，由八宝山礼仪有限公司承办，骨灰海撒逐步得到群众认可，海撒量年递增约 20%。2017 年长青园的自然葬被民政部列为全国殡葬改革试点项目，2019 年为 900 位京籍逝者提供骨灰自然葬服务，同年全市新增 5 个自然葬服务点（太子峪陵园、天寿陵园、佛山陵园、景仰园、八达岭陵园）。

### （二）北京市殡葬服务收费现状

1. 殡仪馆收费情况

（1）殡葬基本服务项目

遗体接运、存放冷藏、火化和骨灰存放等 4 类殡葬服务项目被归入基本公共服务范畴，实行政府定价管理。现行定价标准是在多轮价格调整的基础上形成的，呈现出分类定价、分档计费等特点。以遗体冷藏存放服务为例，定价机制充分考虑了存放时长对服务成本的影响，按照时间维度设置差异化收费标准，凸显了时间因素在冷藏定价中的关键作用。遗体接运服务的定价思路则基于车辆的档次差异，同时对夜间服务予以价格倾斜，体现了服务时间和质量因素的影响。而火化服务价格则根据火化设备的购置成本划分为多档，反映了资本投入水平对价格的决定性作用。骨灰存放服务的定价机制在存放时长基础上进一步细化，对长期存放予以价格上浮，凸显了时间维度对成本补偿的调节功能。

根据 2021 年调研数据以及北京市发展和改革委员会 2018 年发布的《北京市定价目录》的规定，遗体接运、存放冷藏、火化和骨灰存放 4 类作为殡葬基本服务项目，实行政府定价管理。当前基本服务收费执行的标准是物价部门 1992 年、1993 年、1994 年、1998 年、2001 年、2003 年和 2004 年分别发布或批准的，如存放冷藏费根据存放时间按 30 元、40 元、50 元/日·具计费，遗体接运费按照车辆档次确定起价为 30 元、50 元，夜间出车加收费用；火化费按照火化炉购价设 180 元至 700 元 5 档；骨灰堂的骨灰存放费为 50 元/年（除革命公墓骨灰堂之外，3 年以上加 50%）。

通过调研，发现各殡仪馆普遍能够严格遵循现行的政府定价文件精神，规范收费行为。然而，在具体经营实践中，部分殡仪馆对基本服务项目的设置和内容有所调整和增加，这在一定程度上反映出殡葬服务供给与需求之间的动态变化过程。在火化服务方面，各殡仪馆根据火化炉的更新换代情况和市场需求变化，普遍采取了分档定价的做法。这体现了在政府指导价基础上，服务供给方主动适应技术进步和消费升级的努力。在骨灰存放服务方面，部分公墓的收费水平低于政府指导价，表现出较强的公益性特征。这种做法有利于减轻遗属负担，但从可持续经营的角度来看，其合理性和长效性或有待商榷。事实上，不同类型的公墓在骨灰存放费用上执行着不尽相同的历史遗留标准，这也在一定程度上增加了价格管理的复杂性。总的来说，北京市殡葬服务机构在基本服务项目收费上是严格规范的，普遍能够践行"增项不增价"的服务理念。但在政府定价、市场调节、历史遗留等多重因素的交互影响下，服务项目设置和收费标准呈现出一定的差异性、动态性和复杂性特征。

总的来看，北京市殡葬基本服务价格形成机制在坚持政府定价主导地位的同时，针对服务种类、时间、质量、成本等关键要素，采取分类定价、分档计费、动态调整等灵活措施，既维护了价格总水平的基本稳定，又满足了服务供给的动态优化需求，为殡葬服务的可持续发展提供了价格保障。同时，各殡葬服务机构普遍能够严格执行价格规定，并秉承"加项不加价"原则，体现了价格规则的严肃性和价格行为的自律性，彰显了殡葬服务公益属性和民生导向。

（2）殡葬其他服务（延伸服务）项目

根据相关规范性文件的规定，对殡葬服务延伸项目中的遗体整容、遗体防腐等服务项目实行政府指导价管理。在政府指导价管理框架下，近郊、远郊公墓的骨灰存放安葬服务价格呈现出差异化特征，体现了区位因素对定价的影响；遗体整容和防腐服务价格则根据服务时长、特殊需求等因素实行弹性定价，彰显了服务异质性对价格形成的作用机理；而告别厅、休息室等场地设施租赁服务的收费标准则基于硬件设施等级、功能面积等要素呈现多元化态势，反映了设施成本在租赁定价中的基础性地位。

《北京市定价目录》规定，有偿服务公墓墓穴租赁费、管理费，遗体整容、遗体防腐、吊唁设施及设备租赁费5类为其他服务（延伸服务）项目，实行政府指导价。近郊、远郊的骨灰存放安葬按照墓穴20年租赁费

1500 元/平方米和 1000 元/平方米收取，20 年管理费为墓穴总造价的 5%；在遗体整容方面，殡葬服务机构对于正常遗体执行固定的收费标准，而对于特殊遗体则采取协商定价的方式；遗体防腐服务，其收费水平根据防腐处理的时间长短而有所不同，分为两档价格，但对于一些特殊情况，如长期防腐、个性化处理或外出防腐服务等，则需进行单独议价；吊唁设施及设备租赁方面，告别厅的收费标准根据其设施设备配置、面积大小等因素划分为若干类别，每场价格在一定区间内浮动；休息室的定价则综合考虑了装修档次、家具配备、面积大小等因素，不同档次的收费标准亦在一定范围内有所差异。

八宝山和昌平区殡仪馆所提供的一般整容、遗体防腐、告别厅租赁、休息室租赁等服务，收费执行《关于进一步做好殡葬服务收费和管理工作的通知》（京民社管发〔2018〕327 号）的标准。房山区殡仪馆的其他服务清单中未见遗体整容，休息室租赁在政府指导价范围内。由于延庆区殡仪馆的服务对象主要来自农村，延伸性殡葬服务的需求量很小，提供服务的概率低。粗略比较可以发现两个现象，一是不同地区的殡仪馆提供的延伸服务不同，二是不同地区的殡仪馆同类的服务定价也不同，原因在于各馆服务所覆盖区域对相同服务的需求频次不同，无市场需求或市场需求低的、无设施或技术条件的则不设计相应服务，不同殡仪馆的同类服务所承载的成本经营策略也不相同。

（3）市场调节价服务项目和殡葬用品

《北京市定价目录》规定，对未纳入《北京市定价目录》的殡葬服务，实行市场调节价。在实际操作中，各殡仪馆提供的服务与殡葬用品展现出丰富多样的特点，以更好地满足不同消费者对个性化服务的需求。例如，八宝山殡仪馆提供的"故人沐浴"服务，其服务定位于高端与个性化；而房山区殡仪馆的"更新炉面"服务，则旨在满足遗属对于火化"第一炉"的特殊需求。

在市场调节价服务项目与殡葬用品的提供方面，殡仪馆相较于公墓而言，提供范围更为宽泛。据了解，这部分服务项目与殡葬用品成为殡仪馆的重要收入来源，不仅丰富了服务内容，也在一定程度上弥补了基本服务及部分延伸性服务项目可能出现的亏损情况。与此同时，公墓所提供的殡葬用品及服务相对较少，其价格差异不大。这种情况与公墓的考核指标之一——"投诉率"密切相关，体现了公墓在服务提供上的稳定性与公平性。

市场调节价机制在殡葬服务领域的应用，揭示了殡葬服务市场的复杂性与多元性。这不仅反映了殡葬服务提供者在满足社会需求、追求经济效益与承担社会责任间所做的平衡努力，也体现了市场机制在调节服务供需、促进服务创新与保障消费者权益方面的重要作用。

2. 墓地收费情况

北京市的墓地类型丰富多样，在所有类型中，又以经营性公墓的情况最为特殊、复杂，主要原因在于墓园的土地类别较多，经营机构的性质存在差别。首先，经营性公墓用地的土地性质或获取途径主要有三种，分别是联营土地、出让土地和国家划拨土地。其次，经营性公墓的经营机构性质也有事业单位和合资公司之分。根据调研情况，以下举例说明经营性公墓的运营及收费情况。

1994 年批准建设的经营性公墓——万佛华侨陵园，是北京八宝山礼仪有限公司和港方企业共同投资、合作经营的。陵园采用"边销售边开发"的模式，目前有近一半面积的土地未被开发。陵园依山而建，地势起伏落差大，墓区占地率较低，绿化、道路等公共设施占地多，灌溉采用地下抽水，综合因素决定了其中高档的经营定位，以确保足够的利润额。万佛华侨陵园的墓价核定按照《关于加强全市经营性公墓墓位价格规范管理的指导意见》的要求和程序执行，相同墓型的价格比较稳定，新墓型建成后按照经营成本、税金及利润核定墓位价格，并抄送民政局备案。此种做法确保了在同一墓型范围内，价格的稳定性得以被维护。尽管如此，树葬、草坪葬、立体安葬等创新葬法的市场接受度尚显不足，这反映出在推广新型殡葬方式时面临的挑战。这些挑战一方面可能缘于消费者对于传统葬法的深厚文化依赖和情感纽带，另一方面也可能与消费者对这些新型葬法的认知不足有关。

温泉墓园是 1993 年 4 月批准建设的经营性公墓，属事业单位性质。墓位价格方面，原有墓位的价格是墓园按照事业单位预算管理的要求，基于确定年度收入和支出目标，以及墓位存量，进行墓位价格核定并确定销售量。2021 年调研发现，目前墓园的传统墓位业已售罄，骨灰安放形式是生态葬，月亲园的花坛葬、十二生肖葬（生态回归园）和体现惠民政策的草坪葬（星福园）均为较低价或免费。墓园给予到期不续租并有意选择生态安葬方式的遗属提供一定的优惠政策。

长青园生命纪念园是 1999 年经市政府批准建设、2000 年 3 月投入使用的城市公益生态葬墓园，是属事业单位性质的经营性公墓。2009 年 4 月，北京市第一个市级城市公益性公墓在长青园内落成并投入使用，骨灰墙为市民提供公益安葬服务。长青园的骨灰安葬主要方式有骨灰格位墙、树葬、草坪葬、艺术墓以及骨灰生态自然葬，骨灰生态自然葬针对北京市民免费提供服务。

静安公墓，实行"边开发边销售"的模式。为推进骨灰处理多样化，静安公墓开发出不同档次，但价位合理、风格迥异的墓区，设计了传统葬、草坪葬、塔葬、壁葬等多种安葬形式，以适应遗属的不同需求。其中，公墓还特别提供了价格合理的骨灰长廊存放服务作为万元安葬方案的一部分，同时，生态葬形式能够容纳多位逝者骨灰，成型墓的设计涵盖了多种选择，以适应不同消费者的预算和审美要求。

因为取得土地方式的多样性，公墓的土地成本不同，且墓地开发、基础建设投入、运营维护成本也不相同，加之机构属性、经营方式、管理标准、地理区位、土地存量等综合因素的影响，公墓的经营成本存在明显差异，因此各公墓的墓位收费差别显著，经营墓地的成本越高，墓地的价格也就越高。另外，各公墓设计的骨灰安放形式差异显著，仅成型墓地一项，各墓园的类别数量从几种到十几种不等，这些既是机构经营策略的体现，也是市场需求的侧写。

## 三、完善北京市殡葬收费政策的对策

殡葬收费政策的优化与完善，是殡葬管理改革的重要组成部分，必须统筹考虑、系统联动，以产生合力和期望效果。

## （一）加强殡葬制度体系建设

### 1. 加快殡葬管理立法进程

我国的殡葬业立法相对缺乏，最高法律阶位的《殡葬管理条例》（以下简称《条例》）也仅是行政法规，且由于其自身的时代局限性，已经不能满足社会发展的需要。另外，因其法律阶位较低，实际作用和影响力也有限。国家部委颁布的各类指导意见，一般多是部门规章，有的还是无强制力的政策文件。在《条例》和有关规定或意见的指导下，北京市的殡葬立法也仅为地方性法规、政府规章。法规和规章在规定民政及相关部门的权限、实现监管的途径、服务定价及价格调整、墓位续租、经营性公墓续约经营等方面均未有突破，虽然 2018 年民政部会同有关部门重启《条例》修订工作，形成《殡葬管理条例（草案征求意见稿）》，并在原《条例》基础上增加到 8 章 57 条，完善和补充了殡葬改革、基本殡葬公共服务、殡葬服务管理、公墓管理、监督检查和法律责任等方面的内容，提出"动态调整"、提出墓位、格位续用等要求，但仍然对一些现实存在的问题缺少针对性规定，已补充完善的部分也多为框架性规定，实践性不强。国外很多国家都有专门的殡葬法，其法律针对许多具体问题均有对应的法规或措施，为保障其殡葬行业持续健康发展提供有力支持。市政府应积极敦促中央政府，深入开展借鉴研究，针对当前殡葬业的尖锐矛盾、突出问题提出具体措施，为北京市殡葬立法提供依据、指明方向，强化殡葬服务和收费管理的根本。同时，围绕殡葬收费形成或出现的问题，北京市也应深入调查研究，精准发现问题，谋划对策，为优化创新收费政策夯实基础。

### 2. 推进殡葬收费政策优化创新

许多省份（如湖南、黑龙江、广东、江苏、贵州）都制定了专门的殡葬服务收费（价格）管理办法，大多由省级发展改革委（物价局）会同民政厅（局）联合印发，各省份的办法中除了明确殡葬服务分类、殡葬服务收费定价管理分类，还规定了殡葬基本服务项目、城市公益性公墓等直接成本构成要素（如湖南、黑龙江、贵州），关于定价机制和调整机制也有相应要求。北京市目前还没有专门的殡葬服务收费（价格）管理办法，《关于加强全市经营性公墓墓位价格规范管理的指导意见》以及《关于进一步做好殡葬服务收费和管理工作的通知》等文件分散地规定了殡葬服务和相应定价管理的分类。与其他各省份殡葬服务收费（价格）管理办法相比，北京市殡葬收费管理政策明显呈现出"内容过于分散且存在缺失"的特点，造成殡葬服务机构执行不便。正因缺少集殡葬服务分类、定价管理分类、服务项目直接成本构成、价格组成要素、定价机制和价格调整机制等内容于一体的殡葬收费（价格）管理制度，北京市殡葬收费调整受阻，一套收费标准使用多年，导致多重殡葬问题相继产生。优化创新北京市殡葬收费管理制度，健全完善具有针对性的殡葬服务管理和价格管理体系，强化保障制度的灵活性、长效性，为殡葬服务项目可持续发展、殡葬服务质量提升创造可预期的政策环境的需求已经十分迫切。

3. 鼓励开展节地生态殡葬

北京市实施生态葬、骨灰海撒等新的骨灰安葬方式已经多年，这些骨灰安葬方式极为注重回归自然，既能为居民节省丧葬支出，又能节约资源，保护环境，福泽后人。然而，因新的安葬方式与传统思想相违，尚未被广大居民广泛认同和接受，还未得到全面推广。只有政府和相关部门大力宣传，倡导从简治丧、生态安葬，引导广大居民树立新时代的殡葬思想，培育新的殡葬文化，才能逐步破除殡葬陋习，改变非理性殡葬行为，养成绿色生态的殡葬习惯，助力推进殡葬深化改革。要加强殡葬宣传工作的组织建设，统一筹划、协调推进，建立市、区、乡（镇）、村（居）四级的宣传平台，建成区域全覆盖的宣传网络，综合采用传统媒体、网络媒体、新媒体和直播等方式适应不同年龄和层次的人群，扩大宣传范围，提高宣传实效；针对村（居）民，要充分发挥农村红白事理事会和社区殡仪服务站等组织的宣传作用，用群众喜闻乐见的方式开展宣传。通过高效率、高频度的宣讲活动，让居民储备一些殡葬常识，使广大居民了解、认知殡葬，培养选择和辨别能力，帮助他们纠正认识偏差，明白殡葬"暴利"成因，逐步转变自身的消费心理。要重视殡葬方面的舆情，及时引导和处置，主动正面发声，营造有利环境。积极开展意识引导和行为培养工作，引导居民从思想上接受殡葬改革和习俗革新，逐步树立"厚养薄葬"、"厚养薄祭"、绿色消费、保护环境、节约资源的意识和观念，进而在行动层面接受生态安葬，推动绿色殡葬健康、可持续发展。

### （二）理顺殡葬价格管理机制

合理的殡葬价格管理机制是保证殡葬服务价格总水平稳定，维护价格秩序，规范殡葬收费的重要支撑。

#### 1. 细分殡葬服务流程，合理设置定价管理

按照殡葬服务项目的重要程度和竞争条件，细分殡葬服务全过程，并将各个项目的定价管理纳入政府定价、政府指导价和市场调节价。为兼顾促进发展、推进改革、保障公益，设定定价管理应遵循的三个原则：对最基本的、殡葬深化改革重点倡导的服务项目实行政府定价，以保障和维护居民的基本公共服务权益；和基本服务项目紧密相关、对殡葬习俗破立有积极促进作用、没有同类可供选择的服务项目应列入政府指导价范围，兼顾殡葬服务的公益性和经营性；其余服务项目和殡葬用品纳入市场调节价范围，在市场经济调节和政府监督管理下良性发展。

#### 2. 开展服务成本研究，强化服务定价依据

在现代社会经济体系中，政府在公共服务领域扮演着至关重要的角色，通过政策制定和市场干预，维护社会公平正义，满足民生需求。服务定价作为政府管理的重要手段之一，直接关系到公共服务的可及性、质量和效率。然而，由于服务成本信息的不对称和不透明，政府定价和指导价往往缺乏充分的实证依据，容易导致资源配置失衡和市场扭曲。因此，开展服务成本研究，厘清服务定价的微观基础，对于优化政府管理、提升公共服务水平具有重要意义。

围绕"实行政府定价和政府指导价管理的殡葬服务项目逐项开展直接成本研究，厘清各项服务的经营成本，为定价提供充分、翔实的依据"的

核心诉求，建议从以下四个方面展开系统探讨。

一是服务成本的构成与归集。以北京市现行的殡葬服务分类体系为基础，对照《北京市殡葬管理条例》等政策规定，甄别实行政府定价和指导价管理的服务项目及其基本特征。通过查阅文献资料、实地走访、专家咨询等方式，参考管理会计的成本要素分类法，从人工、原材料、制造费用、管理费用等维度，系统盘点各类服务活动的直接成本和间接成本，并设计科学规范的成本归集程序。

二是服务成本的测算与分析。借鉴作业成本法等先进管理会计工具，构建精细化的成本核算模型。通过典型案例分析、比较研究等方法，合理界定成本对象和成本动因，建立作业耗用与成本对象之间的因果关系，形成标准化的直接成本测算方案。在直接调研与数据填报相结合的基础上，获取反映殡葬服务运营实际的真实成本数据，运用相关性分析、回归分析等统计方法，研究成本要素之间的权重结构及其影响因素。

三是服务成本的规律性揭示。从静态与动态相结合的视角，在空间维度上，对标国内外同类服务标杆，分析不同类型、不同区域殡葬服务成本的差异性和共性特征；在时间维度上，追踪服务成本的演化路径，考察社会发展、政策变迁、技术进步等影响因素的动态贡献。在实证研究基础上，运用归纳与演绎的逻辑学方法，提炼殡葬服务成本的一般规律，为优化成本管理、指导定价实践提供理论参照。

四是服务定价机制的优化建议。在准确测算服务成本的基础上，立足"保本微利、优质高效"的原则，评估现行殡葬服务价格管理的合理性与可行性。针对不同类型服务项目，构建涵盖成本、质量、需求等多重因素的定价调整模型。通过情景模拟、敏感性分析等方法，动态模拟价格变动对政府财政、企业运营、消费者福利的影响，提出兼顾效率与公平的价格优化路径，为政府完善定价听证、成本监审、信息公开等管理制度提供决策参考。

3. 遵循价格管理规律，建立动态调整机制

在社会主义市场经济体制下，价格机制作为资源配置的基础性手段，

在协调供求关系、引导生产要素流动中发挥着不可替代的作用。然而，由于公共服务领域的准公共物品属性和自然垄断特征，完全市场化的价格形成机制往往难以实现帕累托最优的资源配置效率。

在厘清影响价格调整的多重因素的基础上，构建兼顾效率与公平的动态调价路径，为政府制定价格管理政策提供理论支撑和实践指引。一方面，殡葬服务作为基本公共服务，在促进社会和谐稳定、传承中华优秀传统文化过程中肩负重要使命，价格政策应体现保基本、兜底线、可持续的基本诉求；另一方面，在人口老龄化加剧、市场化改革深化的宏观背景下，殡葬服务供需矛盾日益突出，传统的政府定价模式难以充分反映市场供求和运营成本变化，价格调整亟须建立精细化、动态化的长效机制。因此，本研究对于平衡政府调控与市场调节、公平诉求与效率目标，推动殡葬事业持续健康发展具有重要的理论价值和现实意义。

系统梳理价格调整的影响因素是构建动态调价机制的逻辑起点。一般而言，公共服务价格的形成与调整主要取决于供给成本、需求特征、市场结构、政策导向等内外部条件。就殡葬服务而言，在成本端，人工成本、原材料价格、管理费用、规模效应等直接影响服务供给的数量和质量；在需求端，人口结构、消费偏好、支付能力等决定了服务的市场需求函数；在市场结构方面，垄断程度、进入壁垒、竞争格局等影响着企业的定价权和议价能力；在政策环境方面，产业政策、财税补贴、价格管制等则体现了政府对殡葬服务供需的宏观调控力度。因此，科学界定影响殡葬服务价格调整的关键变量，系统评估各因素的作用方向和贡献度，是优化价格形成机制的重要前提。

一是构建价格调整的因素分析框架。借鉴产业组织理论和供给侧结构性改革理念，从供给端和需求端两个维度，系统梳理影响殡葬服务价格调整的内生性和外生性因素，厘清各类因素的作用机理和传导路径。在供给端，重点考察人工成本、原材料价格、管理费用、规模效应、技术进步等生产要素禀赋和生产效率因素；在需求端，主要分析人口老龄化、城镇化进程、居民收入、消费观念等人口结构和消费需求特征。同时，辩证看待政府定价、财政补贴、竞争格局、行业监管等外生性制度变迁和政策扰动因素的调节作用，形成内外因素交织影响的分析思路。通过构建系统、完备的因素分析框架，力求立体化地刻画殡葬服务价格形成的一般规律。

二是开展价格调整影响因素的定性研究。采用文献分析、专家咨询、案例研究等定性研究方法，在因素分析框架的基础上，深入考察各类影响因素的作用方向和传导机制。运用归纳与演绎的逻辑学方法，总结价格调整的一般规律和发展趋势。同时，从动态视角审视各因素影响的阶段性特征，剖析在殡葬服务业发展的不同时期、不同区域、不同类型机构中各因素作用的差异性，以期增强理论阐释的精准性。例如，分析人口老龄化加剧背景下殡葬服务需求的刚性增长趋势，论证加强殡葬服务保障的必要性和紧迫性；再如，考察不同发展阶段技术进步和规模效应对成本下降和价格变动的贡献度差异，论证殡葬价格动态调整的普适性规律。通过案例分析与比较研究，力求揭示各因素影响在不同情境中的异质性特征。

三是开展价格调整影响因素的实证研究。在全面收集人工成本、原材料价格、财政补贴、服务需求等数据的基础上，采用计量经济学方法，定量刻画各类因素对殡葬服务价格的影响方向和贡献度。构建价格影响因素的多元回归模型，系统考察各变量的相关关系和因果机制，并对模型进行稳健性检验，提升研究结论的可靠性。运用主成分分析等方法，提炼价格影响因素的综合得分，直观呈现各因素的相对重要性。同时，对不同类型的因素开展交互影响和效应分解，考察各因素间的关联效应与作用机制。在实证检验的基础上提炼研究结论，为优化价格调整策略提供数量分析支撑。

四是动态调价机制的模型构建。在系统考察价格调整影响因素的基础上，建立顺应经济社会发展、体现殡葬服务产业特点的动态调价机制是推进殡葬价格改革的关键举措。遵循"成本约束、绩效导向、弹性调节、动态优化"的基本原则，综合运用博弈论、均衡分析等理论方法，构建兼顾效率与公平的殡葬服务价格动态调整模型。首先，模型应充分体现成本约束原则。成本补偿是价格形成的基本前提，只有科学核算服务成本，才能在保本微利的基础上实现可持续发展。因此，动态调价模型要将服务成本作为基准线，综合考虑人工、物料、管理等生产要素的投入产出关系，运用作业成本法等先进管理会计工具，精准核算单位服务成本。其次，模型应合理嵌入绩效评估指标。与一般商品服务不同，殡葬服务兼具经济属性和社会属性，价格调整应在经济绩效与社会绩效中寻求平衡。一方面，要将服务质量、运营效率等因素纳入调价考量，将价格与绩效挂钩，激励企业提质增效；另一方面，要体现殡葬服务的公益性和可负担性要求，将困难群体保障、社会满意度等指标嵌入调价机制，引导企业承担社会责任。再次，模型应被赋予一定的弹性调节空间。考虑到殡葬服务需求的差异性和市场环境的多变性，动态调价应在统一政策导向下，因地制宜地设定一定弹性。在总体价格调控目标下，根据各地区经济社会发展水平、殡葬市场化程度等因素合理划分调价区间，因城施策、分类指导。在政府指导价基础上，允许具备条件的地区或机构在规定区间内上下浮动，并结合实际运营情况动态调整浮动幅度，在自主定价中释放市场活力。建立价格与服务质量的正向激励机制，引导企业通过优化服务获取合理收益。对于低收入人群、特殊困难群体，可在价格总水平不变的情况下给予适度优惠，或由政府提供财政补贴，促进基本殡葬服务的公平可及。最后，模型应体现动态优化调整理念。价格调整应建立常态化、制度化的动态运行机制，根据经济社会发展水平、居民消费需求、服务成本变动等因素，以 3~5 年为周期开展专项评估，按约定时点和条件启动调价程序。制定科学的调价规则，明确调价申报、审核、公示、执行等环节的基本流程、时限要求和责任主体，确保调价机制规范透明、运转高效。同时，建立价格调整的定期评估与动态反馈机制，综合运用问卷调查、舆情监测、数据分析等方式，动态评估调价效果，并结合各方反馈意见持续优化完善，及时纠偏矫正，形成"评估—调整—再评估—再调整"的动态优化闭环，不断提升价格调控的精准性和有效性。

4. 遵循殡葬改革方向，优化价格管理机制

针对现行殡葬价格管理存在的突出问题，亟须遵循殡葬改革方向，按

照管办分离、简政放权、放管结合、优化服务的基本思路，重塑政府与市场边界，创新价格治理模式，健全法治化、市场化的价格运行机制。

（1）健全统一开放、竞争有序的价格规则

在现有分类管理基础上，进一步简化价格管理类别，实现政府定价、指导价、市场调节价的合理划分，避免多头管理、政出多门。建立健全政府定价目录清单，明确各类服务价格的管理权限、制定流程、调整机制等，增强价格规则的统一性、规范性。完善价格听证、告知等制度，畅通社会公众参与渠道，增强价格制定的民主性、科学性。加强跨区域价格协调，消除地方保护和市场分割，推动形成统一开放、竞争有序的价格运行机制。

（2）创新价格监管方式，健全联合惩戒机制

建立部门协同、上下联动的价格监管格局，加强价格主管部门与市场监管、民政、公安等部门的协调配合，健全信息共享、联合惩戒机制。创新监管方式，加大价格巡查、投诉举报、跟踪问效等力度，提高违法违规行为的执法成本。落实经营者信息报告、政府部门失信联合惩戒等制度，将价格失信纳入信用记录，并与行政许可、评优评先等挂钩，促进形成守信激励和失信惩戒的价格诚信体系。

（3）完善差异化补贴政策，优化资源配置效率

坚持基本殡葬服务的公益属性，对低保、特困、优抚等困难群众实行价格优惠减免，并建立与经济社会发展水平相适应的动态调整机制。在总量调控的基础上，因地制宜实行差异化补贴，向欠发达地区、薄弱环节倾斜。创新财政补贴方式，由普遍补贴向精准补贴转变，并建立补贴资金绩效评价制度，提高资金使用效益。鼓励殡葬机构提供个性化定制服务，满足群众多层次、多样化需求，促进形成多元互补、优势互补的殡葬服务价格体系。

（4）提升价格治理的透明度，发挥社会监督作用

完善政务公开制度，及时准确披露定价目录、服务标准、收费依据等信息，为社会监督创造条件。拓宽公众参与渠道，支持社会团体、行业组

织、消费者代表参与价格制定、成本监审、价格评议等，增强价格制定的科学性、民主性。发挥新闻媒体、社交平台的舆论监督功能，曝光价格违法行为。畅通消费投诉、价格举报渠道，完善第三方仲裁、价格申诉等纠纷调处机制，切实维护消费者价格权益，营造全社会共同参与的价格治理生态。

### （三）强化现代殡葬民生保障

现代殡葬的发展要适应"坚持殡葬公共服务的公益属性，建立基本殡葬公共服务制度"的趋势，按照保障基本、适度普惠的原则，不断完善以惠民和节地生态为重点的殡葬政策体系，加快推动基本殡葬服务制度完善，增加殡葬公共设施和服务保障的高质量供给，把落实惠民殡葬政策与群众基本殡葬消费需求有机结合，实现殡葬保障标准与经济社会的发展动态结合，不断提高惠民殡葬服务标准和服务保障水平。

1. 统筹谋划殡葬事业，逐步完善公共服务体系

重点巩固和强化政府在公共服务方面的职责，构建公共服务主体多元化协同供给的模式，提高基本公共服务的普及性、普惠性和公平性，提升基本公共服务的均等化水平，即机会、投入、结果均等，努力实现公共服务供给的公益性和效率性平衡的目标，并通过构建"救助性殡葬体现公益，保障性殡葬实行减免，改善性殡葬依托市场"的"三维"殡葬服务体系，满足公众不同层次的殡葬服务需求，尽早建立起一套与社会发展相适应、人民均等享受基本殡葬服务、多元提供其他殡葬服务的服务体系。

（1）科学合理界定殡葬服务类型

基于合理的基本殡葬服务和市场延伸殡葬服务范围的界定，强化政府及相关部门宏观管理的职能，增强管理的服务意识，引导市场规范，弱化微观管理，减少对殡葬服务机构和单位经营的直接干预，为服务市场的蓬勃发展创造优越环境。根据殡葬服务的整体流程、主要环节和核心内容，对殡葬服务的属性进行细化，分解为基本殡葬服务和延伸殡葬服务项目。要充分发挥政府在殡葬公共服务中的主导作用，在保证遗体接运、遗体存

放、遗体火化等基本服务项目的收费标准与当地经济水平相适应的前提下，鼓励、引导社会资源和资本有序投入延伸殡葬服务，通过加强经营监管，确保规范服务和收费，致力建成主体多元化、方式多样化的殡葬投入和投资机制。鼓励按照服务内容对殡葬服务机构或单位实行分类管理：从事遗体接运、冷藏存放、火化等服务的非营利机构，公益性显著，可按事业单位管理；从事遗体接运、冷藏存放、火化等服务之外的服务的，经营性明显，应从人员、设施、设备、资金等与事业单位彻底分离，成为独立法人的企业，通过有序的市场竞争来满足殡葬市场需求。建立规范的延伸殡葬服务市场供给体系，支持社会力量通过依法经营获取合理的利润，积极发挥市场的调节作用，在政府有效监管下，实现市场化运作，自由竞争、公平交易，使殡葬服务可以满足多层次、多样化、个性化的需求，力争早日形成以公益性服务为主体、市场经营性服务为补充的殡葬服务格局。

（2）稳步推行殡葬均等化的福利制度

北京市历经多年探索，建立起的基本殡葬公共服务体系，无论从内容上，还是在形式上，从重点扶助基本服务救助对象着手，通过确定统一服务价格和救助范围及内容，根据对应群体的实情和选择服务的内容给予减免或补贴，使殡葬救助和保障公平真正落地。在面向本市户籍逝者稳步实施丧葬补贴等惠民措施、骨灰撒海、自然葬等减免政策，向重点优抚、享受本市城乡低保待遇的逝者免费提供格位安葬骨灰的服务，施行免费为五类家庭提供基本服务的政策前提下，进一步推进基本殡葬服务惠民政策。通过"救助性殡葬体现公益，保障性殡葬实行减免"的惠民殡葬政策维护人民群众基本权利，推行均等化殡葬福利制度。与遗体火化密切相关的基本服务（如遗体接运、冷藏存放、骨灰寄存等），由公共财政统一承担，以促进火葬政策的实施。对困难群体和特殊群体的保障，通过确定统一服务价格与救助范围及内容，实行保障性服务项目的减免政策，真正实现殡葬救助和保障公平。在实施费用减免的同时，殡仪服务单位要确保服务质量不降低，切实从遗属需求出发，全心全意为他们服务。今后，在实现基本殡葬服务全面由政府负担的基础上，要变"给补贴"为"给服务"，真正实现基本殡葬服务均等化的目标。

（3）因地制宜探索延伸性服务项目公益化

采取不同的、积极的措施对延伸性服务项目进行分类指导。对于尚不违背改革要求或方向、传统观念影响下人民群众仍需要的延伸性服务，政府必须严格监管服务收费，切实减轻居民的丧葬支出负担，同时也应视当地经济水平和财政支持能力，稳步地将延伸性服务纳入基本保障范畴，拓展公益殡葬制度的深度和广度。政府为供给主体提供的服务，基本保障人们的殡葬需求，而思维方式、社会关系、宗教信仰、经济水平等因素却影响着人们的改善性殡葬需求，因此要依托充分的殡葬服务市场化，以满足人们个性化殡葬服务需求。

2. 发挥政府主导作用，不断提高公共服务能力

建立基本殡葬公共服务体系，实行基本殡葬服务的公益保障，既是我国殡葬事业改革和发展的基本趋势，也是实现基本殡葬公共服务均等化的必然要求，更是真正体现人民生存发展权利的保证。

（1）突出政府公共服务职能，明确殡葬服务机构社会责任

确定政府在殡葬管理和殡葬改革领域的主体地位，强化相关职能，积极鼓励和引导全市居民、殡葬服务机构或单位、各类基层组织和有关社会组织参与殡葬改革，形成推进改革的合力。明确民政部门的殡葬管理主管机关的定位，统筹负责、协调落实相关具体工作。各级人民政府、街道办事处要各司其职，做好职责范围内的相关工作，村（居）民委员会也要积极协助殡葬管理工作。殡葬服务机构或单位要自觉承担起殡葬服务过程中的环境保护、社会道德以及公共利益等方面的经济、持续发展、法律和道德等社会责任，加强自律与他律，弘扬职业精神，恪守职业道德，树立殡葬行业良好形象。

（2）加大政府公共服务投入，建立殡葬服务多元保障机制

殡葬是一个极其特殊的服务行业，"公益性"与"经营性"共存，公益性决定了殡葬业不能完全市场化，而服务需求的多样化又决定了殡葬业

不能垄断经营。两者必须保持平衡，否则既有违公益，又丧失公平。政府加强殡葬服务的管理与指导，规范服务收费的核心即在理顺两者的平衡关系，使其坚守公益属性。首先，政府应该把提供殡葬基本服务当作重要责任，只有以政府到位的管理和周到的服务作为保障，把殡葬基本服务视为真正的公共产品，看作是保障居民美满生活的一项重要内容，引导其规范运行、合理经营，才能体现出殡葬服务的公益性，进而推动殡葬行业向着公益方向发展。其次，公共财政要增大对殡葬服务公益性的支持力度。殡葬基本服务实行限价或免费提供，对广大人民群众确系好事，但若要真正落地，则需要其他资源的支持和补充。基本殡葬服务要坚持非营利性，那么公共财政的补贴就成为必然，由公共财政承担减免相应的费用，减轻或缓解居民丧葬支出的压力或负担，应当成为目前的共识。最后，突出重点强化落实上的监管。殡葬服务不是普通产品，其经营的自然垄断短期内无法消除，部分延伸性服务和殡葬用品也难以实现充分的市场竞争，成本不透明，服务或用品的定价完全由经营者掌握，对消费者而言无法保障其公平。因而要在政府主导下，构建起促进殡葬事业发展的经费保障的长效机制，建立适应社会发展、公共需求和人民生活需要、与经济社会发展水平与公共财政支持能力相协调、与物价指数变动相适应的，负担合理、动态调整、运行规范的殡葬事业发展的财政投入机制，做到殡葬事业经费支出实现同步自然增长，加强殡葬基础设施升级和建设，切实保障殡葬事业工作经费等，为殡葬事业科学发展提供强大财力支撑。各区要视各自实际持续丰富殡葬惠民政策的内涵，积极探索建立以重点殡葬救助对象减免基本服务为基础、以其他多种救助形式为补充、确保均等获得基本服务为目标的殡葬救助保障制度。今后要坚持殡葬事业的普惠性，逐步从特定人群起步的补缺型到适度普惠型再到全民普惠型，实现殡葬公共服务均等化。

（3）发挥服务机构示范作用，促进殡葬服务市场健康发展

殡葬服务机构或单位提供的殡葬服务最终要以居民满意为目标，在政府监管和市场规范的双重作用下规范运营，不断提高服务质量，适应和满足不同的服务需求，全力建成诚信、文明、便民、优质的服务平台或窗

口，为促进行业整体服务水平的提高发挥示范作用。首先殡葬服务机构或单位要严格遵守国家有关的法律法规，在国家法律法规和政策框架下提供优质殡葬服务，诚信经营，也要坚守社会公德，坚持公平的原则，维护公共利益和遗属合法权益。其次殡葬服务机构或单位要加大投入力度，满足公众的服务需求。殡葬服务机构或单位着力持续优化服务氛围、改进服务程序、丰富服务内容，在满足遗属物质需求的同时，立足广大市民多样化的服务需求，致力提供差异性的服务项目。另外殡葬服务机构或单位要大力弘扬人文关怀，积极参与公益事业。殡葬服务机构参与公益事业要从增强核心竞争力出发，把企业运营、市场运行和社会责任有机统一，关心时政和社会热点，以此为突破口，多做"市场不为，政府未及"的事情，要将人道主义精神寄予服务过程之中，彰显人文关怀，兼顾尊重逝者和安慰生者；既能让家庭经济条件较好的遗属办好丧事，又能让家庭经济困难的遗属办得起丧事。殡葬服务机构或单位积极拓展新型服务方式，借鉴或采用现代化科技手段，尽力做到使生者慰藉，让逝者安息。

3. 广泛吸纳社会力量，积极参与殡葬公共服务

《国务院关于印发"十三五"推进基本公共服务均等化规划的通知》（国发〔2017〕9号）提出，创新服务供给要"紧扣增进民生福祉，加快推进社会事业改革，吸引社会力量参与，扩大基本公共服务有效供给，提高服务质量和水平"，殡葬服务管理应在供给主体多元化和供给方式多样化上加大改革力度。

（1）培育多元化的供给主体

深入调查、研究广大居民的丧葬服务需求，客观立足各区实际，基于对提供基本殡葬服务机构公益性的强化，加大弱化机构营利化和行政化的力度，积极推进殡葬行业公益性社会组织的培育和发展，鼓励社会力量参与，引导有条件的地方采取招标等方式丰富殡葬服务运营主体。

（2）推动多样化的供给方式

创新、丰富殡葬服务的供给方式，多途径适应多元化殡葬服务的要求，是充盈公共服务供给资金、提升公共服务供给效率、增加公共服务供

给总量的有效途径。应当根据公益性的基本服务项目和经营性的延伸服务项目的特点，深入剖析和实践，探索供给主体多元化的服务格局。积极探索政府购买殡葬公共服务的模式，让条件成熟、信誉良好的机构、企事业单位、社会组织承担公共服务，保证家庭经济困难群体或居民能够享受到基本服务的权利。经营性的延伸服务项目可交由市场经营者在价值规律的指引下运行和提供，公办的殡葬服务机构或单位在能保质保量供应基本服务的前提下提供延伸服务。政府要加强和社会资本的合作，通过推行公开或邀请招标、竞争性谈判或磋商等方式，公开公平选择优秀的社会资本开展殡葬领域的合作。

（3）积极扶持社会服务机构

政府各相关部门要按照法律和"放管服"的改革要求，坚持"政策引导、政府扶持、社会兴办、市场推动"的原则，建立公开、公正、平等、规范的经营准入制度，积极鼓励和引导社会组织或社会力量参与殡葬业，推动民办非营利机构和公办机构在殡葬基本服务领域同等待遇，形成以政府为主导、多方共同参与的投资格局。对现有民办殡葬服务机构，要加强指导帮助和规范管理，注重发挥市场调节作用，提高服务水平，引导其开展多种形式的便民殡葬服务，满足公众多层次的需求。

总之，通过引入市场竞争，殡葬公共产品的供给由各类殡葬服务机构承担，公众自由选择，政府加强对殡葬行业的有效监管，促进殡葬事业的科学发展。

**（四）推进殡葬服务良性发展**

殡葬改革作为社会改革的重要组成部分，要积极地融入社会改革的洪流之中。全面参考和借鉴社会改革实施的各项举措，针对目前殡葬管理存在的机制手段滞后、部门职责不清、监管困难等问题，在发展中找方法、搞实践。北京市殡葬收费系列问题与殡葬服务发展不充分、不平衡之间相互作用、相互影响，收费问题加剧不充分、不平衡的状态，又反被其锐化，因此要力求在发展中解决问题。

1. 推进殡葬管理体制改革

殡葬管理是一项复杂且艰巨的社会工程，需要政府的强有力的领导，也需要各层级、各相关部门、各社会主体共同参与、形成合力。要通过创新殡葬管理机制体制，真正实现殡葬管理的预期效果，提高殡葬服务水平，使公众成为殡葬改革的受益者。持续深化北京市殡葬管理体制改革，管理部门要与殡葬服务机构建立明晰的利益分配、风险分担机制，按照"放管服"改革的要求，强化宏观指导和管理职能，减少微观管理或直接干预，减轻殡葬服务机构负担，加强对殡葬服务供给侧结构性改革的指导，制定合理的价格调控机制，充当好策划制定者和监督指导者，避免"殡葬暴利"；积极发挥在政策创制、方向引导、服务支持、规划管理等方面的作用，为殡葬发展创造良好的环境，并逐步建立有充分正义、服务功能强、服务效率高，既能适应新时代市场经济和人民需要又可以稳步持续发展的殡葬管理体系。

（1）顺应殡葬改革趋势，实现殡葬管理转型

政府有关部门要按照政府"放管服"改革的要求，加快实现殡葬管理的转型。管理理念要实现从管控型行政管理向服务型管理转型。牢固树立现代殡葬管理理念，把促进和维护公众基本殡葬权益作为各级政府的执政理念和管理目标，建立健全基本殡葬服务制度，完善殡葬事业公共投入和稳定增长机制，把基本殡葬服务纳入政府公共产品范围，满足公众基本殡葬需求，促进基本公共服务均等化，切实解决公共投入不足和城乡失衡的问题，不断增强政府提供基本殡葬服务的能力。殡葬管理的主体要从政府全包式管理向政社协同式管理转变，要建立健全"政府为主管、社会作协同、公众多参与"的"一核多元"的殡葬管理格局，全面理顺政府和各方面的关系，以此为契机助力殡葬管理主体的转变，从完全靠政府过渡到政、社、民多主体合作共治，不断提升殡葬管理的效能和水平。适应现代法治社会要求，实现从依靠行政权力强制管理为主和防范型管理为主向依靠法律制度管理和协商服务为主的平等型、协商型、服务型管理转变，从"堵、防、控"为主向"疏、导、解"为主转变，把殡葬管理纳入法治化、

民主化的轨道，实现长效化、常态化、制度化管理。殡葬管理的维度要完成防范式管理到公众监督式管理的转变，形成公众参与制定公共政策的机制，建立健全公众参与殡葬管理的表达机制，进一步畅通社情民意的反映渠道，向公众宣传殡葬政策法规和服务规范，探索构建合理的公众参与架构，让公众参与成为理性决策的力量，使公众了解、理解、支持和参与殡葬改革，促进殡葬改革的深化。

（2）明确殡葬管理权属，实现管理协同高效

政府要持续深化殡葬管理体制的改革，理顺殡葬管理中政府、社会、市场三者之间的关系，厘清行政管理机构和殡葬服务经营机构的利益关系，处理好殡葬事业单位管理与经营的关系，建立并完善"政府为主管、社会作协同、公众多参与"的殡葬管理格局，形成民政部门为主，公安部门、市场监管部门、发展改革委、卫生健康和生态环境等部门深度合作的工作机制，使协同、高效的殡葬管理真正落地，为殡葬管理和殡葬服务的顺利推进创造良好的条件。

（3）构建殡葬管理网络，实现管理稳步发展

要加大殡葬管理基层组织的建设力度，构建殡葬管理网络，强化各级政府和组织的管理职能，形成社会共同参与、齐抓共管的殡葬管理局面。工会、共青团和妇联等团体、基层各级党组织、村（居）委会以及各类红白理事会、老年人协会、社区殡仪服务站等基层社会组织要充分发挥支持殡葬改革、引导群众移风易俗的作用，广泛动员群众积极参与殡葬改革。

2. 提高现代殡葬服务水平

殡葬服务与生态安全和公共利益息息相关，加强殡葬管理，坚持以人民为中心，增强殡葬服务的公益属性，为人民提供数量充盈、质量优质、收费合理、文明生态的殡葬服务，是人民"逝有所安"的需求，更是保护人民正当权益、保障基本民生的必然要求。

（1）完善服务许可制度，加强服务源头管控

按照现代公共行政的要求，我国逐步实行殡葬设施设置和殡葬服务的社会化、市场化政策，客观上要求加强殡葬服务市场源头的管控，将过去

单纯的设置设施许可，改为殡葬设施和殡葬服务项目的经营许可，对殡葬服务经营者的主体资质及其经营项目的申请、登记、年检、注销、处罚等行政管理内容，作出系统的规范。首先要调整审批权限与程序。注重对殡葬服务项目的经营许可，而非殡葬服务设施的建设许可；注重经营主体的经营资质和能力，而非经营主体的身份地位、法律性质的统一性。其次应积极推行殡葬许可经营听证制。在殡葬经营许可过程中设置听证环节，鼓励更广泛的利益团体、广大市民参与听证，表达各自的价值倾向，使行政许可具备基本的公共性。最后要建立监督和报告制度。有效改善行政许可后续监管制度的运行状态，提升行政许可后续监管质量，同时，要实行报告制度，许可持有人应行政机关的要求或者在固定的时间内，对某些特定的事项予以充分说明。

（2）建立殡葬服务规范，严格职业从业操守

要进一步完善殡葬标准体系，用科学化的标准指导和管理殡葬领域，客观上要求殡葬服务经营者向遗属提供规范的、可追溯的和可检验的殡葬服务，从而有效保障服务质量、保护遗属合法权益。殡葬服务机构或单位要始终把维护居民合法殡葬权益，满足居民合理殡葬需求，尊重居民人格尊严摆在首要位置，优化服务氛围、改进服务程序、丰富服务内容，努力提高服务质量，以满足广大居民多样化的服务需求，努力打造优质、便民、诚信、文明的服务窗口，发挥殡葬服务在尊重生命、传承孝道文化、凝聚人间亲情、促进家庭和邻里和谐中的特殊作用，增强和提高社会认同感和满意度，为促进行业整体服务水平的提高发挥示范作用。

（3）健全价格管理体系，规范殡葬服务收费

健全价格管理体系，强化价格监管，实行价格公示制度，规范收费行为，保障人民群众合法权益，是解决殡葬服务管理瓶颈问题的重要举措。通过殡葬立法在价格的制定、调整以及收费监管等方面予以严格规定。基本殡葬服务项目和主要的延伸性殡葬服务项目实行政府定价和政府指导价，其他延伸性服务项目、殡葬用品和特殊的服务项目的价格由市场调节，建立殡葬服务价格动态调整机制，是法治社会的大势所趋，也是政府

当前健全殡葬服务价格管理体系的基本路径。殡葬服务通常被看作是由政府提供的一项基本社会服务，确定其价格时，应当充分考虑当地居民的经济承受能力；基本殡葬服务的价格一旦确定，就要保证短期内的稳定，如确因成本变动需要调整价格时，相关程序必须合法。上调基本服务的价格时，必须通过听证会、第三方咨询等形式充分了解民意，作出价格上调或保持不变的决定。在价格监督上，建立良好的监督和反馈制度，实行阳光价格制度，打击各类违反价格制定和变动的违法行为。

3. 引入竞争激活殡葬市场

民政部门要积极助力殡葬改革、加强殡葬管理和监督，做好政策研制、组织实施和殡葬舆论导向工作，鼓励和支持各殡仪馆因地制宜拓展基本服务项目，大胆探索其他延伸性服务项目，丰富惠民殡葬内涵，激活殡葬服务市场；综合监管执法单位要切实履行殡葬执法的主要职能，做到"违法必究、有法必依、执法必严"，加大监管和检查殡葬服务机构的力度和提高频度，规范服务标准，杜绝违规收费。殡葬服务机构要严格遵守殡葬法规，守法诚信经营，自觉加强员工的职业道德和服务技能培养，提高殡葬基本服务质量，满足殡葬服务多样化需求，努力营造追忆先人、慰藉生者的服务环境，赋予现代殡葬传递亲情、传承精神、凝魂固本的载体作用。

突出殡葬基本服务项目公益性，在确保殡葬基本服务项目与当地经济水平相适应的前提下，积极推动其他殡葬服务项目市场化改革，政府在规范准入和完善监管制度情况下，允许社会资本进入选择性殡葬服务领域合法经营，为殡葬市场引入竞争，建立投资主体多元化、方式多样化的殡葬投入机制，在政府有效监管下，尽力营造公平、公正的行业环境，逐步形成以公益性殡葬基本服务为主体、市场经营性服务为补充的格局，满足不同层次的消费需求，以充分适应新时代社会治理、社会发展和人民对美好生活的需要。

## （五）健全殡葬市场监管体系

构建全面、有效的殡葬监管体系，是政府规范殡葬服务市场秩序、保障殡葬服务质量与促进殡葬业健康发展的重要抓手。在实行殡葬服务经营许可制度，加强殡葬服务市场源头管控的基础上，要强化过程管理，严格依法对殡葬领域的事项进行监督和管理，有效遏制殡葬领域中的违规现象和损害公众利益的事件。进一步完善殡葬服务市场监督框架，探索建立监督主体多元化、监督方式多样化的长效监督机制，加大对殡葬的监督力度，强化对殡葬行业的监督和引导。

1. 重构殡葬市场监管法律体系

在殡葬经营的准入规则和监督管理方面，要适当降低准入的门槛，实现事前预防、事中检查和事后惩处的结合，由具有殡葬监管职能的相关部门采取经济的、法律的、行政的手段对殡葬市场的运行进行全程监管。事前预防主要是对殡葬经营者的资格认定（如提供遗体接运、冷藏存放等基本殡葬服务的资质），举办殡葬设施的行政审批，制定经营规则等。事中检查主要是开展定期或不定期的市场检查，对发现的违法行为及时制止并作出处理（如对殡葬服务机构进行殡葬服务质量检查，对殡葬设备用品生产、销售单位进行检查等）。事后惩处主要是针对公众举报、媒体披露事件进行的回应以及对违法行为的处理（如对违法建立殡葬设施、公益性殡葬设施开展经营活动等的惩处）。

2. 创新殡葬市场监管机制体制

以理顺各行政部门在殡葬管理方面的关系为基础，合理划分各部门的执法权限，有利于提高对殡葬服务市场的监管效率。确立政府部门、社会组织、居民群众三位一体、统一协调的监督主体，构建信息灵敏、处理迅捷、反馈及时的监督技术平台。

（1）转变监管职能

政府要尽早摆脱主管型的殡葬服务市场的监管，要平顺实现从"行政本位"到"市场取向"、由"监管"向"服务"的转变，分清行政管理的干预范围和殡葬事业单位的经营范围，依法使用许可权和处罚权，要能做到不缺位、不越位、不扰民。政府应充分发挥殡葬管理和监督的主体作用，重点监管殡葬市场秩序，遏制垄断、消除恶性竞争和市场分割，为培育殡葬市场竞争主体健康成长营造良好竞争环境，善于借用行业、法律、咨询、财务等专家的综合智慧和社会力量，充分发挥"外脑和智库"的作用，提高殡葬服务项目价格监管的决策水平。民政部门要建立健全殡葬监管执法制度，加大执法力度，强化执法责任，完善执法手段，提高执法频度，严肃查处违法从事经营活动、变相收费等殡葬违规行为，全面规范殡葬服务活动。

（2）相关部门协作

各级民政部门和相关行政管理机构加强协调配合，共同履行管理职责，规范殡葬服务经营者的经营行为和居民的殡葬消费行为，保护经营者和遗属的合法权益，维护有序的殡葬市场秩序。在监管模式上，不仅要厘清各级民政部门管理权责边界，层层落实责任，还要加强横向网络建设，积极探索民政部门与发展改革、公安、自然资源、市场监督等其他相关部门的合作方式，理顺关系，合理划分执法权限，形成齐抓共管的局面，提高殡葬服务市场监管效率。

（3）健全惩戒机制

在建立健全殡葬服务监管和评价体系的基础上，加大殡葬执法监督的力度，通过实行必要的退出与惩戒机制，着力解决公众反映强烈的服务质量和乱收费问题。政府相关部门要加强自身建设，持续增强对殡葬行业的监管能力。积极发挥社区、公共媒体等社会力量舆论监督的作用，壮大社会监督的力量；鼓励殡葬协会等行业组织加强行业自律管理，引导会员单位守法、诚信、安全经营，增强殡葬行业公信力，通过委托社会审计等方式加强社会组织对殡葬服务机构收费标准执行及收费行为的监督。实行积极的奖励制度，引导公众参与监督，充分发挥公众群体优势，增加监督密度；支持居民参与监督评估，对殡葬服务行为、服务质量进行监控，以此鞭策殡葬服务机构提高服务质量和效率。建立退出和惩戒机制，对社会组织、公众反映强烈的收费问题和不当行为，针对其经营者实行必要的退出和惩戒机制，对个人进行处罚，造成严重后果的取消从业资格。

3. 发动社会力量实现全面监管

建立健全社会和公众共同参与的监督机制，在制定殡葬相关政策或制度过程中，政府要让公众有机会表达意愿，更要积极充分地听取公众的意见或建议，增强决策的合理性和民主性。各级政府要能够引导对殡葬活动的监管，并能有效保护公众持续参与的积极性，把原本由政府承担的服务性、协调性、技术性的工作，交由中介组织或公共服务、社会自治组织承担，合理分配殡葬服务市场的监管职能。要进一步发掘媒体舆论之于殡葬监督的作用，公布殡葬监管部门热线和联系方式，实行举报奖励，实现社会力量或人民群众从想参与监督到能参与监督，激发其参与的积极性。一是建立消费者群体满意度评价制度，把握客户群体的服务需求与服务体验吻合度，将消费者群体满意度作为殡葬机构绩效评价的重要指标，以此激励消费者积极参与监督。二是引导殡葬机构主动接受监督，利用公众开放日活动、宣传平台定期公开殡葬服务项目信息，让社会了解、认识殡葬行业和工作；在不涉密前提下，适当公开殡葬服务项目的成本信息、价格信息、采购信息等，增强殡葬服务项目价格调整的公众认同感。三是建立健全退出和惩戒机制，及时处理公众反映的热点问题、不法行为，以示对公众参与监督表达权的尊重和回馈。四是建立定期总结、按时反馈的工作机制，及时向社会、公众公布殡葬收费的监督报告，确保社会组织和广大公众的知情权，营造客观、正确的殡葬舆论导向。在监管过程中，也要加强与民交流沟通，听取民意，谋民所需，精准施政。

## 四、新时代推进北京市殡葬收费政策改革的建议

殡葬作为人类生活的重要组成部分，与"生、教、老、医"等公共服务一起构成了基本社会民生，是社会保障的重要内容。近10多年，殡葬行业备受社会和公众关注，北京市的殡葬服务业在民政部门和价格主管部门的监督和管理下，政策措施不断完善，通过有效利用收费和惠民政策，殡葬事业得到长足发展。然而，部分机构收费有待规范、殡葬用品价格与墓价虚高等问题的存在依然需要高度重视，其损害了人民的经济利益，且妨碍了行业的健康发展，急需得到解决。为加强殡葬服务收费管理，规范殡葬服务收费行为，积极回应社会关注，减轻公众殡葬负担，为殡葬深化改

革和可持续健康发展创造良好的环境，现就推进北京市殡葬收费政策改革提出以下建议。

## （一）指导思想

以习近平新时代中国特色社会主义思想为指导，全面贯彻落实党的二十大、二十届二中全会和中央经济工作会议精神，认真落实党中央、国务院和民政部关于推动殡葬改革、促进殡葬发展的决策部署和指导意见，坚持以人民为中心的发展思想，在政府有效的管理和监督下，以完善殡葬收费政策为抓手，强化价格的杠杆作用，以创新殡葬管理机制为动力，促进殡葬资源的有效整合，加快殡葬服务供给侧结构性改革，推动殡葬深化改革和事业发展，尽力满足人民群众的殡葬需求，力求广大群众和服务机构利益相统一，逐步实现绿色、文明殡葬的建设目标。

## （二）基本原则

### 1. 政府主导，加大供给

推进殡葬深化改革、行业健康发展，必须明确政府的主导地位，充分发挥其管理和服务职能，并基于明晰各级政府及部门殡葬公共服务的权利、职责，在尽量不增加居民经济负担的前提下，加大政府在提升殡葬基本服务供给方面的综合支持力度，在政策内容设计上，坚持分级研究与统一制定相结合，确保政策对指导、协调各区殡葬事业发展，提升公共服务保障效能，提高服务质量发挥积极作用。

### 2. 保障基本，逐步增项

立足地区经济水平、居民服务需求和改革工作实践，确定"保基本、再增项"的发展策略，即在确保遗体接运、冷藏存放、火化和骨灰寄存等基本服务供给和质量的前提下，确定合理的殡葬服务发展进度，逐步增加服务内容，并积极鼓励各区结合实际拓展基本服务项目，丰富惠民内涵。

### 3. 统筹发展，实现共赢

围绕以民为本的宗旨，大力开展绿色文明、节地生态宣传，增强人民对殡葬改革的情感认同,并逐步转化为行为习惯,以满足人民需要为出发点和落脚点,丰富殡葬服务项目,提升殡葬服务能力,将殡葬事业的发展和居民权益有机结合,实现殡葬事业发展、人民获益、生态和谐的共赢局面。

### (三) 实施路径

#### 1. 殡葬收费管理制度

全面整合"殡葬服务分类、收费标准、经营性公墓管理、回民殡葬管理"等北京市现行殡葬收费政策内容,汇集一处,改变一事一规、重复规定、制度嵌套的现状,坚持前瞻性的发展原则,在健全机制和完善内容的基础上,创制新的北京市殡葬服务管理办法,融合服务分类、定价分类、服务界定、成本核定、价格管理、惠民措施等相关内容,为进一步加强和规范殡葬服务收费管理,维护殡葬服务双方合法权益,促进北京市殡葬事业持续健康发展提供制度保障。对丧葬补贴、生态安葬补贴办法等政策文件可以同步进行优化、合并,将政策措施有效衔接,有利于统一思想,便于参照执行。

#### 2. 增加殡葬基本服务内容

结合北京市殡葬工作的实际,继续执行《关于进一步做好殡葬服务收费和管理工作的通知》中将殡葬服务分为"基本服务和延伸性服务"的分类标准。坚持以人民为中心的发展思想,积极贯彻落实党中央和北京市关于殡葬改革的总体要求,参考北京市殡葬协会发起、首都殡葬行业联盟倡导的"公益服务内容只增不减"的原则,增加殡葬基本服务项目内容。一是把自然葬、骨灰撒海、立体安葬等节地生态安葬方式列入基本服务项目,引领生态殡葬新风向,以推进殡葬改革,助力骨灰安葬方式从资源消耗型向绿色生态型的转变,打造生态安葬服务体系。二是丰富基本服务项目的内涵,如遗体接运服务,不再单设抬尸和消毒两项单独的项目,而是将两者融入殡仪服务机构提供的遗体接运服务项目中。

#### 3. 配套服务价格管理体系

在完成基本服务项目增项和服务内容扩展的基础上,重新匹配各类服务项目的价格管理体系。按照服务项目的重要程度和竞争条件,对殡葬服务项目的价格管理分别实行政府定价、政府指导价和市场调节价。遗体接运、遗体存放(冷藏)、遗体火化、骨灰寄存和生态安葬5类基本殡葬服务项目由政府定价管理;有偿服务公墓的墓穴租赁、墓穴管理、遗体整容、遗体防腐、吊唁设施设备租赁5类主要的延伸性服务项目实行政府指导价管理;特殊遗体整容、特殊遗体防腐及其他延伸性服务项目、殡葬用品的价格由市场调节管理,在政府部门的有效监管下,由服务提供方和经营商按照公平、公开、诚实守信的原则,在成本透明的基础上允许其产生合理利润确定服务和商品价格。

4. 明确服务定价管理权限

殡葬服务项目价格的制定实行分级研究、逐级申报、统筹协调、统一政策。由市民政部门牵头,会同政府价格主管部门和财政部门负责研制北京市殡葬服务价格管理政策,调控殡葬服务项目价格总水平,协调、指导全市的殡葬服务项目收费管理工作。在统筹各区的殡葬服务项目成本核算基础上,制定北京市殡葬服务项目收费标准,并配套相应的财政补贴或财政支持措施;市民政部门负责全市的殡葬管理和服务工作,并落实北京市殡葬服务项目价格的有关政策,负责研究、拟定和申报市属殡葬机构的10类服务项目的价格。区民政部门负责本行政区域内的殡葬管理和服务工作,并落实北京市殡葬服务项目价格的有关政策,负责研究、拟定和申报行政区域内殡葬机构的10类服务项目的价格。区政府价格主管部门负责落实北京市殡葬服务项目价格的有关政策以及服务项目的收费监督和管理,财政部门负责研究制定本行政区域的财政补贴或财政支持措施。

5. 界定服务内涵及其成本

(1)殡葬基本服务内涵及成本核定

遗体接运费:是殡葬服务机构将遗体从指定地点接运到火化(冷藏存放)地点之间所发生的相关费用(含搬运和消毒服务)。主要包括参与接运的司机和搬运人员的人工费、消毒用品损耗、车辆折旧费、维修费和燃油费等。收费标准以"元/具·次"为计量单位。收费标准建议设定基础运费和超基础里程加收费两部分，未尽条件下产生的费用，按照实际产生的额外成本补充收费，但事实依据必须充分、清晰。遗体接运所用车型应区分低、中、高档，满足不同服务需求。

遗体存放费：是遗体在存放或冷藏期间发生的相关费用。主要包括存放或冷藏间折旧费和修缮费、存放或冷藏设备折旧费和维修费、人工费、电费和实际投入的其他费用等。收费标准以"元/间·具·天"为计量单位，12 小时为半天。

遗体火化费：是在遗体火化过程中发生的相关费用。主要包括火化炉折旧及维修费、火化间和火化炉附属设备的折旧和维修费、定岗火化工人工费、火化燃油等能源费等。收费标准以"元/具"为计量单位。

骨灰寄存费：是骨灰暂时寄存所发生的相关费用。主要包括寄存室折旧费、寄存架（廊）购置或建设费用、人工费、安保设备费等。收费标准以"元/盒·年"为计量单位。骨灰寄存应当设置不同的寄存时段及相应的收费标准，短期寄存的实行免费或按照政府定价收费，超出免费或政府定价收费服务期限后，执行另一类收费标准（可参照骨灰存放收费标准），以提高骨灰寄存设施的使用率，发挥临时寄存的过渡作用。

生态安葬费：是骨灰以撒海、自然葬、立体安葬等方式安葬发生的相关费用。主要包括土地成本（按政府部门规定的土地补偿标准或土地租用实际总额等核算）、建穴（格位）成本、船舶租赁费、绿化及维护费等，根据实际安葬方式确定具体成本。收费标准以"元/盒"为计量单位。

实行政府定价管理的基本殡葬服务项目价格由市、区民政部门会同价格主管部门、财政部门在成本监审的基础上，按照非营利原则，根据财政补贴情况从严核定。

（2）主要延伸服务内涵及成本核定

有偿服务公墓墓穴租赁费：是遗属向公墓租用墓穴安葬骨灰发生的相关费用。主要是土地成本（按政府部门规定的土地补偿标准或土地租用实际总额等核算，配套设施所占土地面积分摊到各墓穴）。收费标准以"元/平方米·年"为计量单位。首次租用墓穴租期 20 年，租赁合同期满，遗属申请继续租用的，双方协商确定租期，公墓按租期收取墓穴租赁费；不继续租用的，经过清理修整，实现墓穴的二次利用。

墓穴管理费：是公墓经营单位向已安葬的墓穴提供维护管理发生的相关费用。主要包括人工成本、日常管理维护、安全设施设备投入和维护、周边绿化与周边设施维护等其他成本。墓穴管理费标准以"元/平方米·年"为计费单位。建议墓穴管理费取消一次性收取的方法，结合价格调整情况，确定短期的收取周期。

遗体整容费：是对正常遗体进行清洁、化妆、整理等发生的相关费用。主要包括整容间折旧费和修缮费、整容设备折旧费和维修费、整容耗材费、人工费、器械费、水电费等。收费标准以"元/具"为计量单位。特殊遗体或个性化整容需求收费面议。

遗体防腐费：是对正常遗体进行防腐处理发生的相关费用。主要包括防腐间折旧费和修缮费、防腐设备折旧费和维修费、人工费、电费、耗材费等。收费标准以"元/具·天"为计量单位。长期的防腐、特殊遗体防腐或个性化防腐等收费面议。

吊唁设施设备租赁费：是遗属向殡仪服务机构租赁房屋、厅堂举行吊唁仪式发生的相关费用。包括吊唁设施折旧费和修缮费、吊唁设备折旧费、管理人员人工费、电费、家具购置费、装饰费等。收费标准以"元/间·小时"为计量单位。

以上5类主要的延伸性服务项目由市、区民政部门会同价格主管部门、财政部门在成本监审或成本调查的基础上，按照非营利并兼顾区域居民经济承受能力的原则核定。

6. 确定公共财政补贴策略

第一，调整现行城乡无丧葬补助居民丧葬补贴的方法，实现三方面的转变：一是补贴程序由"办丧后领"调整为"治丧中享"，即在逝者相关证明材料完备前提下，遗属办理丧事过程中即可享受补贴；二是补贴内容由"补贴费用"转变为"补贴服务"，即遗属所获补贴不是现金，而是价值5000元的殡葬服务；三是补贴对象由"逝者遗属"改变为"服务机构"，即将等额的丧葬补贴拨付殡葬服务机构，其提供的服务费用从补贴款额中折抵。

政府完成上述 10 类服务项目的定价和指导价后，殡仪馆、公墓制定详细的服务项目、服务标准和收费标准置于馆内公开场所和醒目处公示。遗属自行选择北京市辖区内的殡仪馆，并自愿选择殡葬服务项目，选择海葬、自然葬和立体安葬的遗属仍享受原有免费服务和原标准的补贴。待所有服务项目完毕，殡仪馆以 5000 元丧葬补贴与遗属进行服务确认和结算，实行差额补退，应退遗属的款额由殡仪馆代为支付，保留存根与其他服务证明材料。丧葬补贴（含代付款额）可以与骨灰海葬、骨灰景观葬、立体安葬和重点优抚对象的相关补贴一并按自然月申报拨付。

对公共财政而言，完成调整后并未破坏原有的利益格局，反而提高了补贴的效益。通过确定补贴资金的用途流向，改变了原来补贴资金另作他用的状态，保障了补贴资金"专款专用"，提升了补贴综合效率，百姓既得到相应殡葬服务的实惠，殡仪馆也能得到有力的经济支持，增强了其提升服务质量的动力，在无新增财政投入的前提下，能够实现"一举两得"。但是，北京市殡葬补贴已执行 10 余年，政府的补贴、居民的受助行为均已经形成强大的惯性，需要相关部门协同做好充分的政策解读。

第二，政府要增大公共财政对殡葬基本服务公益性的支持力度。通过核算成本，即可得知 5 类殡葬基本服务项目的成本价格，按照非营利原则，根据公共财政支持的力度，确定补贴的策略。

方案一：公共财政支持额度充裕，实行居民殡葬基本服务免费制，公共财政资金全部承担殡仪馆服务成本，最大限度强化殡葬基本服务的公益属性。

方案二：公共财政支持额度不充裕，实行居民殡葬基本服务一费制，执行"收+补"的模式，可以根据财政实际支持力度，选择或调低或维持或提高殡葬基本服务项目收费标准，确保收入和补贴总额与殡仪馆服务成本持平。如果选择提高收费标准，应综合考虑消费者心理接受程度，调整幅度不宜过大，避免社会舆论问题和压力。

## （四）保障措施

### 1. 强化组织保障

政府的领导是做好殡葬改革和殡葬价格管理工作最重要的体制保障。市、区各级政府要把殡葬服务定价研究和政策创制作为推进殡葬改革的重要助力和主要推手，增强工作责任意识，建立健全以政府为主、部门协同、社会参与、法治保障的领导体制和工作机制，明确职责分工，完善相关措施；各有关部门要切实履行分内职责，加强协作的联动互动；充分发挥民政部门的牵头作用，在牵涉殡葬服务项目的收益水平、成本浮动、调价机制等方面，主动协调价格主管等有关部门，充分考虑殡葬服务项目的特殊性、模式及特点，定期交流、通报情况，完善部门协作机制，形成政策研究强大合力，在充分调研和试点、破解难点与重点问题的基础上，创研出符合发展实际的政策法规。

### 2. 注重利益协同

在收费政策创制过程中，要充分发挥政策的导向性，政策内涵应凸显利益协同的思想。一方面，要兼顾公共利益和机构收益。确定服务项目价格时，既要根据成本合理控制价格水平，确保居民能够承受，又要维护殡葬服务机构合理收益，以避免因其合理收益受损，降低服务水平，减少服务供给，变相提高价格，造成双方亏损的局面。因此，要广泛了解殡葬服务项目的实际收益，精准识别相关的风险因素，保障殡葬服务机构的合理回报，确保服务项目健康可持续施行。另一方面，要坚持优质优价。根据市场规律，更好的服务或产品质量必是建立在必要投入和较高价值基础上的，理应享有更高的价格。假如以政策强行压价，必然会破坏资源和要素的正常配置与流动。因此，要坚持"优质优价"的原则，鼓励殡葬服务机构提升服务品质，通过提升服务质量、品质水平等，享受更高价格水平。

### 3. 落实宣传监督

抓好宣传和实施监督是政策有效实施的两项重要保障。由民政部门、价格主管部门牵头，共同发力，通过新闻媒体广泛宣传，价格主管部门以经济环境分析、经济指标解读和运营成本分析等内容为宣传重点，民政部门积极发动殡葬服务机构、殡仪服务站，重点在殡葬服务项目、服务标准、惠民政策等方面开展宣传，争取广大居民的支持和理解，积极主动地接受监督，创造良好的施政环境。加强监督检查，从严、有效治理殡葬服务机构的乱收费现象和行为。实行殡葬服务机构收费"法人负责制"和"责任追究制"，使殡葬服务机构自觉遵守规定，规范收费行为。市、区民政部门、价格主管部门应加强殡葬收费监督，严肃查处违规收费的行为，并依法追究其法人或负责人的相关责任。

4. 加强政策评估

民政、价格主管等相关部门要加强对殡葬收费政策落实情况的联合督查评估，定期或不定期抽查或调查有无违规收费或成本转移的现象或行为，加强对中介服务机构的事前监管，对殡葬服务机构的事中事后监管要及时跟进，准确把握惠民殡葬政策的落实情况，重点关注经营性公墓墓价动态、运营状态和殡葬用品价格走向，对发现的问题要逐项整改，加强跟踪分析和通报，对政策执行过程中出现的问题要及时评估研究，找准问题，精准施策，对确实违背运行规律的政策内容要积极整改，持续完善、优化收费政策，使政策制定、实施运行、监督管理、评估完善形成闭环，使其更加适应社会发展和行业变化的环境，保持政策活力。

第四章

# 生命文化视角下殡葬行业绿色市场协同创新发展

在前面研究中，已经深入探讨了绿色殡葬消费、绿色殡葬营销和殡葬收费等相关问题，这些讨论为我们提供了关于殡葬行业当前面临的挑战和机遇的深刻见解。本章将重点探讨殡葬行业绿色市场协同创新的重要性，这一议题在当前我国人口老龄化加速和殡葬需求显著增加的背景下显得尤为迫切和重要。随着殡葬需求的激增，殡葬行业正面临前所未有的挑战和机遇。这种形势不仅使殡葬行业的市场环境变得更加复杂，而且也迫使行业必须进行深刻的改革和创新，以便更好地服务于广大民众，提升人民的生活质量。特别是在生态文明建设日益成为社会发展重要议题的今天，将殡葬改革纳入生态文明建设的大框架，对于增进国民福祉、促进社会和谐具有重要的现实意义和深远的战略影响。

# 一、当前制约殡葬业绿色市场发展的突出问题

## （一）殡葬管理机制体制不顺，影响殡葬需求侧结构优化

### 1. 政府职能不够清晰

在我国的行政体制内，殡葬业务的管理机构归属于民政部门，该部门下辖的殡葬管理处负责具体的殡葬服务工作，进一步细化到殡仪馆的运营。鉴于殡葬服务的公益属性，国家对此类机构实施了一系列的优惠政策，包括财政补贴、特许经营权授予及税收优惠等，以保障殡葬服务的普遍可及性和公益性。近年来，为了进一步开放市场、降低行业门槛，国家在确保公益性基础上，鼓励和引导符合条件的民营企业参与殡葬服务市场，以促进行业的健康发展。

尽管市场准入条件得以放宽，多数殡葬服务仍然由民政部门主导。该部门既担负着行业监管的职责，又直接或间接参与市场运营，其"裁判员"与"运动员"双重身份的混合，无疑提高了政策执行和行业监管的复

杂度。这种机构设置在一定程度上可能影响了民政部门监管职能的充分发挥，进而对殡葬市场的规范化管理构成挑战。

2. 管理队伍相对薄弱

在当前的体制下，殡葬管理和执法队伍往往由民政部门的工作人员或殡仪馆的员工兼职组成，这导致了管理队伍在专业性、独立性方面的不足。兼职人员可能因为主职工作的繁忙而无法充分投入殡葬管理和执法工作，影响了执法效率和效果。由于队伍成员往往具有非执法背景，缺乏专业的法律和执法培训，可能对殡葬法律法规、执法程序等不够熟悉，这在一定程度上削弱了执法的权威性和正当性。当前很多地区的殡葬管理部门执法人手不足，难以覆盖广泛的管理区域和复杂的执法任务，尤其是在面对非法殡葬活动、违规经营等问题时，执法力量的不足成为有效监管的瓶颈。

3. 部门协调机制不顺

殡葬管理各个部门，目前各主体未形成统一力量，而是制约因素相互干扰，出现大量的内耗和资源浪费，殡葬改革的推行出现效率低下情况，难以有效地发挥整体功能。

（1）殡葬管理体制不健全，缺乏有效的协同机制，组织协调各部门的工作难度大

当前的殡葬管理体制，存在一定程度的不完善之处，主要表现为缺乏有效的跨部门协同机制，致使组织和协调民政、工商、公安、国土资源、林业等多个政府部门的工作存在较大困难。尽管殡葬服务涉及多个政府职能部门，但未能形成有效的联动和合力，导致各部门在实际工作中缺乏协调一致的行动，难以实现资源共享和信息互通。特别是在处理如坟墓非法占用土地等复杂问题时，缺乏跨部门的协同作用使得民政部门在单独处理此类问题时面临较大挑战。在2006年殡葬执法权转由城市管理行政执法局集中行使之后，民政部门的执法能力受到限制，而城市管理部门对殡葬领域的特定情况了解不够全面，进而影响了对乱埋乱葬、丧葬陋俗等问题的有效治理。因此，迫切需要通过体制优化，建立一个有效的政府各部门之

间的协同机制，以便制定和实施针对殡葬行业及公众的引导与监管措施。

（2）殡葬行业缺乏统一规范及监管，未与政府部门形成合力，未为公众做好服务

首先，该行业面临的主要问题之一是缺乏统一的行业规范和有效的监管机制，这导致了殡葬服务品质的不一致性。其次，殡葬行业与政府部门之间缺乏有效的协同机制，未能形成强有力的合作关系以更好地服务于公众。在北京市，尽管存在若干从事殡葬礼仪服务的公司，但其中一些公司未能将我国深厚的生命文化和传统孝道文化融入其服务中，反而沿袭了一些带有封建迷信色彩的旧式服务模式。最后，行业基础设施建设相对滞后，政府在行业管理上的投入和力度不足，公众对行业的监督和反馈机制未能充分发挥作用，进而影响了整个行业服务品质的提升。

4. 市场监管局部失灵

在当前的殡葬服务领域中，民政部门具有的经营者与监管者的双重身份，可能在某种程度上导致了利益冲突的潜在风险。尤其在对行业内部或市场参与者进行监督管理时，可能存在监管措施未能被充分执行的情形。尽管民政、工商、公安及城市管理等多个政府部门对殡葬业务持有管理职权，然而，当前法律法规体系不完备，未能为各相关部门职责的界定提供充分明晰的规范，从而有可能导致在受到利益牵引时出现监管上的疏忽，以及其他部门因职责划分不明确而难以有效介入的情况。

殡葬服务市场面临的诸多问题，可归因于市场监管机制的部分失效。这主要体现在非法殡葬机构的涌现、非法中介服务的泛滥以及不符合规定的公墓建设等方面，这些问题不仅扰乱了殡葬服务市场的有序运作，同时也侵害了公共利益和殡葬行业的公益性质。

## （二）公共服务体系建设滞后，影响殡葬服务高质量提供

### 1. 殡葬事业投入机制消极

殡葬事业的经费主要依赖政府财政拨款，这导致其资金来源单一。在财政预算紧张的情况下，殡葬事业往往成为次要考虑的领域，难以获得足

够的资金支持。此外，殡葬服务的特殊性和公益性使得其难以吸引足够的社会资本和民间投资，进一步加剧了资金短缺的问题。

殡葬事业的发展规划往往缺乏长远视角和系统性，短期内的投资不足和缺乏连续性投入导致无法形成有效的积累和发展。同时，由于缺乏全面的行业规划，即便存在有限的资金投入，也可能因为缺乏有效的指导和监管而无法达到预期的效果，造成资源的浪费。

由于公众对殡葬行业领域认识不足，社会对殡葬服务的价值和重要性认识不够，导致投资殡葬事业的直接经济效益不如其他领域明显。这种现象使得政府和社会资本在资金分配时往往优先考虑其他领域，殡葬事业成为被边缘化的领域。

由于缺乏专业的管理和监督机制，即便存在有限的殡葬事业投入也可能因管理不善、规划不当等原因导致资金使用效率低下。此外，殡葬行业内部存在的一些不规范操作和资源配置不合理的问题，也严重影响了投资的效果和效率。

2. 殡葬设施供给总量不足

虽然从总量上看，某些地区的殡葬设施似乎超过了需求，但实际上这些设施往往集中在特定的区域，导致其他区域面临严重不足。城市与乡村、不同城市之间，甚至城市内部不同区域之间的殡葬设施分布极不均衡。这种地理位置的不平衡不仅给当地居民带来不便，增加了他们的经济负担和心理压力，也影响了殡葬服务的整体可达性和公平性。

部分殡葬设施在规模和功能上无法满足当前的需求，或者与当地居民的实际需求不相符。例如，一些地区可能存在大量的传统墓地，而缺乏现代化的火化设施或骨灰安放设施。此外，随着人们对殡葬服务需求的多样化，单一功能的殡葬设施已难以满足其需求，需要更多综合服务功能的设施，如提供悼念空间、心理辅导服务等。

殡葬设施的建设和扩建面临着日益严峻的用地问题，尤其是在土地资源紧张的城市地区。合理的用地规划和环境评估对于殡葬设施建设至关重要，但现有的规划往往忽视了这些因素，导致新建设施可能对生态环境造成负面影响，或因选址不当而引发公众的反对。

殡葬设施的建设和维护需要大量资金，但在实际操作中，资金往往是一个重大挑战。除了初期的建设成本，持续的维护和升级也需要稳定的资金来源。由于殡葬事业投入机制消极，这些设施的建设和维护常常受到财政预算限制的影响，进一步加剧了供给不足和设施老化的问题。

3. 殡葬服务供给结构不均

从公共责任上看，在公共权力自上而下进行殡葬管理层级控制过程中，殡葬管理机构更多关注上级民政部门的行政命令或指标，更多地从方便政府自身利益出发，制定相应的办事流程，很少倾听公众的声音。因此，在公共政策的制定与实施过程中，公共参与的程度不足，导致政府在履行其公共责任方面出现了一定的偏差，进而可能促使部门利益和个人利益越位，影响政府公信力和效能。此外，殡葬服务规划与提供过程中，公众参与机制的不完善影响了政策决策的全面性和服务的精准性。决策过程中缺少对民众需求和意见的充分收集与反映，可能导致服务设计与民众期望之间的脱节，降低了政策和服务的社会认可度，降低了公共服务的整体效率和满意度。在跨部门协作方面，殡葬服务的供给涉及民政、城市管理、土地资源等多个部门，但由于部门间信息沟通不畅和协作不充分，常常出现服务供给的不连续性和效率低下。缺乏有效的横向协调机制，导致各部门行为的孤立，不仅影响了服务供给的效能，也导致了公共资源的低效利用和重复浪费。

4. 殡葬服务质量参差不齐

殡葬服务在很多地区仍然停留在提供基础设施和最基本服务的水平，如火化、墓地安葬等，而忽视了殡葬过程中遗属对心理安慰、精神支持的需求。缺少全面性服务，如生命教育、心理抚慰、遗产规划等，使得殡葬服务无法全面满足遗属在不同阶段的需求。

很多殡葬服务未能充分考虑到亲属的情感需求和精神慰藉，服务程序化、标准化程度高，缺少温度。例如，悼念活动的形式单一，不能为遗属提供一个适宜表达情感、缅怀逝者的环境。同时，殡葬服务人员的专业素质和服务态度也直接影响到服务的人性化水平。

随着社会的发展和文化的多样性，人们对殡葬服务的个性化和多元化需求日益增长。然而，目前的殡葬服务往往无法提供足够的选项来满足这些需求，如个性化的殡葬仪式选项等。特别是对于少数民族和不同宗教信仰群体的特殊需求，现有服务往往显得力不从心。

公办和民营殡葬服务机构在质量上存在不小的差距。一方面，部分公办殡葬服务机构可能由于资金不足、管理不善等原因，服务质量和环境无法满足高标准的需求；另一方面，民营殡葬服务机构虽然在某些方面可以提供更为优质或个性化的服务，但价格较高，且服务质量的波动性较大，缺乏统一的质量控制标准。

### （三）殡葬文化创新发展缓慢，影响殡葬改革深层次推进

1. 殡葬改革与优秀殡葬文化习俗不统一

中华民族的殡葬风俗和殡葬文化源远流长，数万年前就有一定的丧葬形式。汉民族"入土为安"的思想在公众中依然有着广泛的社会基础。因此，殡葬改革的任务十分艰巨，问题和矛盾还很复杂。这些问题既有思想意识方面的，也有经济、物质等方面的。殡葬改革具有跨时代的意义，在殡葬史上具有举足轻重的地位，对公民的殡葬习俗和殡葬文化都有重要的影响。目前，殡葬改革与优秀殡葬文化习俗仍存在不统一的问题。

2. 政府强力推进与全民自觉参与不协同

殡葬文化创新的推动是一个艰巨的过程，如何能让公众接受是一个难题。目前，北京市城区殡葬活动，在生命文化活动的影响下，基本达到文明殡葬的要求。有些远郊区县农村地区家中有人去世后，依然搭灵棚设灵堂，浩浩荡荡的出殡车队沿路放鞭炮撒纸钱，丧事活动中大操大办互相攀比的风气依然存在，一些与现代殡葬文明格格不入的丧葬陋俗沉渣泛起，败坏了社会风气，扰乱了居民群众的正常生活，影响环境卫生，也给丧事承办者带来沉重的经济负担。

这些都对社会风气以及他人的生活环境造成严重影响，虽然政府也多

次下大力气推动殡葬文化创新，但效果并不明显，公众、政府之间的协同效应未得到有效发挥。

### 3. 人文殡葬实施与生命文化教育不融合

近年来，公众对殡葬的关注以及殡葬场所体现的人文及生命内涵，逐渐形成了生命文化。生命文化以其独特的表现形式和内涵，传达着一种文化内涵的深层体现——生命教育。从死亡出发才能理解生命、把握生命，而殡葬服务机构是进行生命教育的一个很好的场所。将殡葬活动上升到文化层面，因为它不仅与逝者有关联，其实也包含了活着的人对它的态度和面对方式。生命文化承载对逝者的尊重和对其生命价值的认可，让活着的人在寄托哀思时，对逝者先贤有一颗敬畏之心，同时"凝聚孝心，传递爱心"，爱惜自己和他人的生命，这也是社会和谐的一部分。生命文化和生命教育密不可分，懂得了对生命的敬畏，才能懂得对生命的珍惜。生命文化和生命教育是人文殡葬的根本，其实，也是我们生命的根本。

把"人文殡葬"作为新的内容和形式注入殡葬改革，积极倡导绿色殡葬、惠民殡葬、文明殡葬、阳光殡葬，树葬、海葬作为崇尚回归自然、追求生态环保的安葬方式，但人文殡葬的实施依然忽略了生命文化的教育功能。推动殡葬改革和人文殡葬时，殡葬服务机构没能从环境、艺术、人文、思想等各方面以生命文化为内涵，达到生命教育的目的。目前，人文殡葬的实施模式尚未发掘殡葬文化中具有的超越历史、超越民族差异的人文关怀和生命教育的共性内容，没能使殡葬服务机构成为唤起生命觉醒的生命教育基地，成为精神生命获得终极关怀和悲伤辅导从而使生命茁壮成长的培育基地。

## 二、殡葬行业绿色市场协同创新的必要性

殡葬行业作为社会公共服务的一部分，面临的挑战与日俱增，特别是在环境保护、服务质量提升，以及满足多元化需求等方面。殡葬行业绿色市场的发展和协同创新，不仅是行业可持续发展的需要，也是解决当前突出问题的关键途径。

在生命文化的广阔视野中，殡葬行业不仅承担着处理死亡的基本职责，更深层次地充当着一座文化和情感的桥梁，连接着历史与现代、个体与社会、物质与精神。这一行业的角色和使命在当代社会得到了重新诠释和重视，它被视为一种特殊的文化实践，旨在传递对生命的尊重、对逝者的怀念以及对家族和社会价值的继承和发扬。随着全球化和信息化的进程加速，以及社会结构和人们生活方式的快速变化，殡葬服务的需求和期望变得更加多元化和复杂化，这不仅体现在服务的形式和内容上，更体现在服务承载的深层文化意义和情感价值上。

在这样的时代背景下，传统的殡葬服务模式和观念面临着前所未有的挑战，如何适应这一变化，满足社会和个体对于殡葬服务更深层次的需求，成为殡葬行业必须面对的重要课题。因此，协同创新在殡葬行业的发展中显得尤为关键，它不仅是对传统殡葬服务模式的一种突破和创新，更是对殡葬行业文化价值和社会责任认知的一种深化和扩展。

## （一）探索生命尊严的全新理解

在当代社会，生命文化的视角为我们提供了一种全新的方式来理解和实践殡葬服务，其中生命尊严的概念被置于核心地位。这种理解超越了对死亡的物理处理，转而强调对逝者生命历程的尊重和纪念，以及对遗属情感的深度理解和支持。在这样的文化框架下，殡葬服务被赋予了更深远的意义，不仅是对生命告别的仪式，更是对生命价值的最后肯定和尊重。

生命尊严的维护不仅体现在殡葬服务的具体操作中，更重要的是要在精神和文化层面给予深刻的观照。这意味着殡葬服务应当不仅关注逝者的身后事，更要关注遗属的情感需求和心理状态，以及整个社会对生与死的认知和态度。通过提供心理咨询、悼念活动和文化教育等服务，殡葬行业可以帮助人们以更健康的心态面对生命的终结，促进社会对生命尊严的普遍尊重。通过跨行业、跨领域的合作，殡葬服务可以整合来自社会学、心理学、文化研究、环境科学等多个领域的知识和资源，共同开发出既尊重个体和文化差异，又符合生态环保要求的新型殡葬服务和产品。通过这些殡葬业创新服务和产品，能够更好地体现对生命尊严的尊重，满足社会对高质量殡葬服务的期待，同时也推动了社会文化观念的进步和人文关怀的深化。

### （二）适应经济社会发展的需求

随着我国社会经济快速发展和人民生活水平显著提高，传统殡葬服务已难以满足现代社会多元化、个性化的需求。城乡结构的变化、人口老龄化的加速，以及人们环保意识的增强，都对殡葬服务提出了新的要求。举例而言，随着一、二线城市人口的不断膨胀，土地资源日益紧张，传统的土葬方式已不再适应现代城市的可持续发展需求。此外，现代社会对人的尊严和个性的重视也促使殡葬服务需求向更人性化、更注重人文关怀的方向发展。

随着城市化进程的加速推进，越来越多的人涌入城市，对城市空间资源提出了更高的利用要求。一方面，这使得传统的土葬方式面临着空间压力和限制，需要寻找更加灵活、节约空间的殡葬方式；另一方面，人口老龄化也对殡葬服务提出了全新的挑战。随着老年人口比例的提高，对于尊重长者意愿、关怀老年人身心健康的殡葬服务的需求日益凸显。在这一背景下，殡葬行业需要积极适应社会发展需求，提供更多元化、个性化的服务，以满足不同群体的特殊需求。这包括灵活的殡葬形式选择、个性化的追思方式设计，以及更加尊重个人意愿和家庭文化传统的服务模式。因此，殡葬服务的发展需要顺应社会发展趋势，积极引入创新理念和技术，为社会提供更加贴近现代社会需求的殡葬解决方案。

随着人们环保意识的不断增强，对于生态友好型的殡葬方式的需求也日益增加。传统的殡葬方式可能对环境造成一定程度的压力，如墓地资源占用、传统殡葬仪式产生的能源消耗等。因此，推动生态友好型的殡葬方式的发展已成为社会共识。例如，推广树葬、海葬等生态殡葬方式不仅能够节约土地资源，还能减少对环境的负面影响，符合现代社会对于可持续发展的追求。此外，随着科技的不断进步，人们对殡葬服务的便捷性和智能化的需求也在逐渐增长。因此，结合智能科技，开发智能化的殡葬服务平台、智能化的追思纪念产品等也成为满足现代社会需求的重要方向。通过与社会发展趋势的紧密结合，殡葬行业能够更好地适应社会发展需求，为社会提供更加多元化、智能化、环保化的殡葬服务解决方案。

## （三）推动殡葬行业绿色转型升级

当前，我国殡葬行业整体仍处于传统保守的发展阶段，行业内部存在着服务方式单一、行业监管不足、市场准入门槛低以及缺乏标准化竞争等问题，这些问题严重制约了行业的健康发展。通过协同创新，可以整合政府、殡葬服务机构、社会组织等各方资源和力量，推动殡葬行业的技术进步和服务创新，从而实现行业的转型升级。举例来说，运用现代科技手段改进殡葬设施，发展生态葬、树葬等新型殡葬方式，能有效节约土地资源，减少环境污染，同时满足人们多样化的丧葬需求。

此外，通过加强行业规范化管理和标准化服务，可提升殡葬服务的质量。建立健全的行业标准和规范流程，加强从业人员的专业培训，不仅能提高服务水平，还能保障消费者的合法权益，促进整个行业的良性竞争和可持续发展。同时，加强行业的信息化建设，建立统一的殡葬服务平台，有助于促进行业信息传递和提高服务效率，为公众提供更加便捷、透明的殡葬服务体验。通过这些举措，能够推动我国殡葬行业迈向现代化、科技化的发展道路，实现行业的转型升级，适应社会发展的需要。

## （四）助力社会绿色发展建设

协同创新有助于我国殡葬行业更好地融入国家的绿色发展和文明城市建设大局。在当前全球气候变化、资源紧张的背景下，发展绿色、环保的殡葬方式已成为全社会的共同期待。通过政府、殡葬服务机构的合作，可以引入更多环保技术和理念，例如生态葬、降解材料的应用、碳排放减少等，使殡葬行业成为推动社会可持续发展的积极力量。

当下，随着全球环境问题日益突出，绿色发展已成为全球共识和行动的重要方向。殡葬行业作为社会生活的重要组成部分，也需要积极响应绿色发展的号召，推动绿色、可持续的发展模式。协同创新可以促进殡葬行业向绿色发展转型，提倡生态友好型的殡葬方式，鼓励采用可降解材料和节能减排技术，减少对自然资源的消耗和对环境的影响。此外，通过提倡绿色殡葬理念，加强对公众环保意识的培养和教育，进一步促进社会绿色文明意识的增强，营造全社会共同推动绿色发展的良好氛围。

### （五）促进社会和谐和人文关怀

殡葬不仅是对逝者的最后告别，更是生者情感寄托和文化认同的重要方式。殡葬习俗和活动往往深刻反映了文化传统和精神追求。在促进社会和谐与人文关怀方面，殡葬行业不仅需要关注逝者及遗属的需求，还应该积极参与公共文化教育，加强殡葬文化的普及和传承工作。通过举办生命文化讲座、展览等活动，宣传尊老敬老、传承中华优秀传统文化的理念，培养公众的文明素养和社会责任感，加强社会成员的文化自觉和文化自信。此外，殡葬行业还应加强与教育机构、文化机构的合作，共同推动生命文化的传承和发展，为社会和谐发展注入文化的力量。

在提倡社会和谐的过程中，殡葬行业也应注重公益慈善活动的开展，通过资助贫困家庭的殡葬费用、关爱孤寡老人等方式，传递爱心和温暖，凝聚社会正能量。同时，加强与社会组织、慈善机构的合作，共同开展社会公益活动，推动社会和谐事业的发展，营造积极向上、和谐共赢的社会氛围。通过这些举措，殡葬行业能够在促进社会和谐与人文关怀方面发挥更加积极的作用，推动社会文明进步，构建和谐稳定的社会环境。

总之，生命文化的视角下殡葬市场协同创新，不仅是对行业发展方向的一种探索和指引，更是对当前社会文化变迁下人们对生命意义和价值认同的一种回应和贡献。通过协同创新，殡葬行业能够更好地融入社会发展的大潮，成为促进文化传承、增强社会凝聚力、提升人们生活质量的重要力量。殡葬行业的协同创新具有重要的现实意义和深远的社会影响。它不仅关系到国家的可持续发展战略和社会文明程度的提升，更关乎每个人的切身利益和精神需求。因此，从政府到社会各界，应共同关注和支持殡葬行业的协同创新，推动我国殡葬行业健康、和谐、绿色、可持续地发展。

# 三、殡葬行业绿色市场协同创新动因分析

## （一）协同创新理论动因

在探讨殡葬行业中协同创新的理论动因时，首先需要认识到这一概念不仅是一个理论框架，更是紧密联系着社会发展、生命文化演变以及科技进步的实际情况。随着社会经济的快速发展和人们生活水平的普遍提高，公众对殡葬服务的需求和期望也在发生着根本性的变化。这些变化反映了社会对生与死、传统与现代、个体与集体价值观念的重新审视和定义。

1. 对殡葬服务功能的重新定义

在当前的社会文化背景下，殡葬服务的功能正在经历一次深刻的重新定义。这一变化的核心，在于从单一的死亡处理服务，扩展到更加关注逝者的生命意义、遗属情感需求和社会的文化传承。

（1）生命尊重与情感关怀

过去，殡葬服务往往聚焦于遗体处理和丧葬事宜的安排。然而，随着人们生活水平的提高和价值观的变迁，公众开始更多地关注逝者生命的意义和价值，以及如何以尊重和纪念的方式告别逝者。这要求殡葬服务不仅要满足基本的物质需求，更要能够提供空间和方式，让亲友和社会能够共同回忆和纪念逝者的一生，弘扬其生命中的美好和成就。

（2）文化传承与社会责任

随着人们对文化传承和社会责任认识的加深，殡葬服务也被赋予了传递家族和社会价值、促进文化持续的使命。这要求殡葬行业不仅要守护传统习俗，同时也要创新服务内容，以适应社会变迁和文化多样性。

殡葬服务功能的重新定义是殡葬行业协同创新的重要理论动因之一。

它要求殡葬行业在保持传统服务的基础上，不断探索和引入新的服务元素和技术，以适应社会发展的需要。这一过程中，多主体之间的协同创新显得尤为重要，它不仅能够提升服务质量和效率，还能够帮助殡葬行业更好地服务社会、传承文化，最终实现可持续发展。

2. 殡葬业多元主体责任的重新明确

在生命文化视角下，殡葬市场协同创新发展，涉及殡葬消费者、殡葬服务机构、政府等多方主体，在殡葬服务的供需、规范制定、质量监管等方面的角色和责任发生了显著变化。

（1）殡葬消费者的权益意识增强

随着社会文化的发展和信息透明度的提高，殡葬消费者的权益意识显著增强。人们开始更加关注殡葬服务的质量、性价比以及是否能够尊重逝者的意愿和遗属的情感需求。消费者的这一变化促使殡葬行业必须更加注重服务的人文关怀和个性化需求，推动了服务模式和内容的创新升级。

（2）殡葬服务机构的角色转变

面对消费者需求的变化和市场竞争的加剧，殡葬服务机构开始积极探索更加多样化和专业化的服务模式，以适应社会发展和消费者需求的变化。同时，殡葬服务机构也开始更加重视社会责任和文化使命，积极参与公益活动，推广生态葬法，努力将殡葬服务作为文化传承和社会教育的重要途径，以此提升机构的社会形象和行业地位。

（3）政府责任的强化与创新

政府在殡葬市场中扮演着规范制定、质量监管、政策引导等关键角色。随着殡葬服务需求的多样化和殡葬市场的复杂化，政府责任不仅在于加强对殡葬服务的监管，确保服务质量和公共利益，更在于创新政策，引导行业健康发展。政府通过制定相关政策和标准，鼓励殡葬服务机构进行技术和服务创新，支持公益性殡葬服务，推动殡葬行业的可持续发展和社会责任的履行。

在生命文化视角下，殡葬市场协同创新理论动因之一的多元主体责任的重新明确，要求殡葬消费者、服务机构、政府等多方主体在新的社会文化背景下，明确并履行自身的责任，通过协同合作促进殡葬服务的质量提升和行业的健康发展，更好地满足人民群众的需求，尊重和纪念每一个生命。

## （二） 殡葬行业协同创新实践动因

在殡葬行业的协同创新实践过程中，其动因不仅深植于技术革新和政策环境的变迁之中，而且紧密连接着生命文化视角下社会需求的深刻演变。这些需求的变化，既体现了人们对生命尊严和个体价值认识的提升，也反映了对文化传承、环境保护和科技应用新期待的集中爆发。在这一背景下，殡葬服务不再简单地被视为对逝者最后的物理处理，而是转变为一种深刻的文化实践，涉及对生命意义的探讨、对情感的关怀以及对社会价值的传递。在殡葬行业协同创新的实践中，动因主要源自行业内外的多重因素。

### 1. 社会需求的变化驱动创新

在当前殡葬行业协同创新的实践进程中，社会需求的持续变化无疑成为推动行业内部创新发展的关键动力。随着我国社会结构的深刻变化与公众价值观念的多元化演进，对殡葬服务的需求正呈现出前所未有的多样性与个性化趋势。

#### （1） 个性化服务需求的增加

在新时代背景下，公众对殡葬服务的需求已经远远超越了传统服务的范畴，更加倾向于体现个性和定制化的服务内容。这就要求我国殡葬行业各相关主体加强协作、深化创新，积极探索和提供符合人民群众期望的个性化服务方案，满足不同群体的细分需求，体现以人民为中心的发展思想。

#### （2） 文化传承与服务创新的要求

随着我国社会主义文化自信的不断增强，公众对于殡葬服务中文化元素的融入与创新提出了更高要求。殡葬行业协同创新不仅要致力于传统文化的传承，更应结合现代科技和社会发展的实际，不断创新服务形式与内涵，使之更好地反映社会主义核心价值观和当代中国的文化自信，进一步弘扬中华优秀传统文化，满足人民群众的精神文化需求。

（3）心理辅导和关怀服务的需求增长

在全面建成小康社会的进程中，人们对心理健康和情感关怀的重视程度显著提高，这一趋势也同样体现在对殡葬服务的期待上。殡葬行业的协同创新应更加注重心理健康服务的整合与提升，通过专业的心理疏导和情感关怀，为遗属提供温暖的支持，展现社会主义核心价值观中的人文关怀和社会责任。

（4）生态环境保护和可持续发展的要求

在生态文明建设不断深入的今天，绿色发展已成为我国发展的重要方向。殡葬行业在这一大背景下，亦需与时俱进，推动生态殡葬和节约资源的服务模式创新，为建设美丽中国贡献力量，实现殡葬服务的绿色化、生态化转型，满足人民群众对美好生活环境的向往。

综上所述，面对新时代我国社会发展的新要求，殡葬行业的协同创新必须紧密围绕人民群众的需求变化，积极引入科技创新，不断优化服务内容和提升服务质量，努力推动殡葬服务业朝着更加人性化、专业化、可持续化的方向发展，以实际行动回应人民日益增长的美好生活需要。

2. 行业竞争的压力催生创新

在我国殡葬行业，随着市场经济体制的不断完善和社会主义市场经济的健康发展，行业内的竞争日益加剧，这种竞争压力成为驱动殡葬服务机构进行创新的重要动力。

（1）服务质量的提升

在全面建设社会主义现代化国家的进程中，广大人民群众对殡葬服务的需求不断提高，对服务质量有了更高的期待。面对这种趋势，殡葬服务机构必须不断提升服务的专业水平和质量，通过协同创新在技术应用、服务标准化、流程优化等方面进行突破，以满足人民群众的需求，赢得市场的认可。

（2）多元化经营的需求

随着社会经济的快速发展和人民生活方式的多样化，殡葬服务的市场需求也日趋多元化。殡葬服务机构需要通过协同创新，整合各方资源，拓展服务内容，提供更加丰富多样的服务项目，满足不同客户群体的需求，增强自身的市场竞争力。

（3）品牌形象的塑造

在竞争日益激烈的殡葬市场中，建立并维护良好的品牌形象对于殡葬服务机构的发展至关重要。通过协同创新，殡葬服务机构可以更好地整合品牌资源，创造性地开展品牌宣传和市场推广，塑造具有特色的服务品牌，提升机构的知名度和美誉度，以品牌力量促进发展。

（4）成本控制与效率提升

在激烈的市场竞争环境下，有效的成本控制和管理效率的提升成为殡葬服务机构生存和发展的关键。协同创新不仅有助于殡葬服务机构优化内部管理，提高服务效率，还可以通过跨行业合作等方式降低运营成本，提高经营效益，为殡葬服务机构在市场竞争中占据优势提供坚实的支撑。

综上所述，在当前我国殡葬行业面临的竞争压力下，殡葬服务机构通过协同创新不断提升服务质量、拓展经营范围、塑造品牌形象以及优化成本控制和提高管理效率，是实现行业健康可持续发展的必由之路。这不仅符合社会主义市场经济的要求，也是殡葬服务机构在新时代背景下积极拥抱市场、迎接挑战、促进自身发展变革的明智选择。

3. 技术与服务水平的提升推动技术创新

在我国殡葬行业发展的大背景下，技术和服务水平的不断提升已成为推动行业协同创新的重要动因。这种动因在殡葬服务的专业化需求、科技发展的引领作用以及管理效率的提升等方面得到了充分体现。

（1）专业化服务需求

伴随着社会文明的进步和人民生活水平的提高，社会对殡葬服务的专业化、人性化要求不断提高。为了满足这一需求，殡葬行业亟须引进先进的技术手段和管理理念，以实现服务质量和水平的全面提升。在这一过程中，协同创新成为重要策略，通过行业内外专家的深入合作，共同研究和开发出既符合行业特点又能满足时代需求的先进技术和服务模式，从而满足人民群众对专业化服务日益增长的需求，体现以人民为中心的发展理念。

（2）科技发展的引领作用

随着科学技术的快速发展，尤其是信息技术、生物技术等领域的突破，为殡葬行业的创新发展提供了新的动能和广阔空间。协同创新在这一背景下显得尤为关键，能够促使行业各方共同面对技术挑战，整合资源，开发出适应殡葬行业特点的创新技术应用，不仅提升服务效率和质量，也推动行业服务标准的不断提升，满足人民群众对高质量服务的期待。

（3）管理效率的提升

考虑到殡葬行业的特殊性和复杂性，高效的管理流程对于提升服务质量和效率至关重要。协同创新在这方面发挥了重要作用，通过引入先进的管理理念和技术手段，帮助殡葬服务机构优化管理流程，提高工作效率，确保服务质量。这不仅为殡葬行业的健康发展提供了有力支撑，也为广大人民群众提供了更加优质、高效的服务，展现了新时代殡葬行业的社会责任和使命担当。

综上所述，技术与服务水平的提升在殡葬行业的发展中起到了不可替代的推动作用。通过协同创新，殡葬行业能够更好地适应社会发展的需求，提供更加专业、高效、人文的服务，促进行业的健康发展，为构建和谐社会贡献力量。

4. 文化传承与社会关怀推动文化创新

在殡葬行业的协同创新进程中，文化传承与社会关怀发挥着不可或缺的作用。作为承载中华民族深厚社会文化内涵的重要领域，殡葬行业在传统文化的传承与发展、社会关怀理念的实践中具有独特的价值和意义。

（1）文化传承的助推作用

殡葬文化深深植根于中华优秀传统文化之中，对于传统文化的继承与发扬具有不可替代的作用。在新时代背景下，协同创新成为推动文化传承创新实践的关键，通过跨界合作、整合行业内外资源，不仅能够更有效地保护和弘扬传统殡葬文化，还能在此基础上探索适应现代社会需求的创新服务模式，从而满足人民群众对文化传承的深层次需求。

（2）社会关怀理念的引领作用

在殡葬服务中融入社会关怀理念，强调对逝者的尊重与纪念，对遗属的情感关怀和支持，是殡葬行业协同创新的重要方向。通过行业内外的深度合作，共同推广和实践以人为本、尊重生命的服务理念，可以有效提升殡葬服务的人文关怀水平，提高社会对殡葬服务的满意度和认可度，进一步体现社会主义核心价值观。

（3）社会心理需求的推动作用

面对逝者遗属的心理需求和情感支持，殡葬行业的协同创新应注重心理与情感服务的整合发展，为亲友提供更加细致、贴心的心理疏导和情感支持。这不仅能够更好地帮助遗属走出丧失亲人的阴影，也是对社会心理健康服务体系的重要补充，满足了社会对高质量心理健康服务的期待。

殡葬行业的协同创新，在文化传承与社会关怀方面具有深远的社会意义。通过不断探索和实践，整合各方面资源，殡葬行业不仅能够更好地传承和弘扬中华民族的优秀文化，同时也能提供更加人性化、温暖的服务，满足人民群众对美好生活的向往，为构建和谐社会贡献力量。

# 四、殡葬行业绿色市场协同创新面临的困境

在生命文化视角下，殡葬行业协同创新虽然蕴含着巨大的发展潜力和社会价值，但在实践过程中也面临着一系列困境和挑战。这些困境不仅缘于行业内部的结构和机制问题，也受到外部环境和社会文化因素的影响。

## （一）理念滞后

在我国社会主义市场经济体制不断深化和社会治理体系不断完善的背景下，社会保障制度作为维护社会稳定和促进公平正义的重要制度安排，已取得显著成就。然而，在关注生者权益保障的同时，对逝者的殡葬权利和遗属基本生活保障的社会化风险分担机制尚显不足，反映出一定程度上的理念滞后。

改革开放以来，我国社会保障体系在从计划经济向市场经济转型的过程中经历了深刻变革。随着"国家—单位"保障体制的逐步解构，以及人民公社制度的解体，传统的殡葬服务保障机制面临挑战。为促进国有企业改革，增强其市场竞争力，我国加速推进了养老保险、医疗保险、工伤保险、失业保险、社会救助等社会保障制度的建设。至今，覆盖城乡居民的养老保险和医疗保险制度、最低生活保障制度等均已取得重大进步；在服务体系方面，养老服务、残疾人服务等也实现了积极发展，儿童服务成为重点发展领域。可以说，由社会保险、社会救助和社会福利等构成的社会保障体系，已经成为独立完善的社会政策体系，对推动社会经济发展产生了深远影响，成为国家治理体系的重要组成部分。

尽管如此，当前我国社会保障制度更多关注于生者的保障，如未成年人、老年人、疾病患者、残疾人等，而对逝者的殡葬权益及遗属的基本生活保障未能给予充分关注。这一现象不仅导致殡葬服务在公共政策支持方面存在不足，也限制了殡葬服务向公共化、社会化方向的发展，与国际上优化殡葬服务体系的理论导向和典型经验存在差距。

面对这一现实，有必要深化对殡葬服务公共性和社会化需求的认识，积极探索与时俱进的社会保障机制，将逝者的殡葬权益纳入社会保障体系，构建全面覆盖生命周期各阶段的保障机制，以更加完善的社会保障制度，推动我国社会主义市场经济和社会治理现代化建设迈向新阶段。

## （二）观念保守

在探讨我国殡葬观念的多元性与保守性的研究中，须深度剖析那些根植于深厚文化及心理层面的因素，这些因素在很大程度上影响了个体及社群对于死亡及殡葬习俗的态度与行为。这些深层次的文化与心理因素，往往构成了其对殡葬行业创新与发展的心理屏障。

在我国丰富多彩的文化背景之下，对死亡的诠释因文化而异，但普遍存在一种观念，即死亡并非生命的结束，而是灵魂进入另一世界的起点。因而，某些特定的仪式与传统在民众心中被赋予了确保逝者平稳过渡至另一世界的重要意义。这种植根于民族文化深处的观念，导致了对传统殡葬方式的坚持，对于变革的尝试往往会引发强烈的社会反响。

殡葬观念的保守性，亦可追溯至对变革的恐惧感。面对死亡——这一人类共同的终极议题时，人们往往倾向于遵循传统习俗与仪式，而不愿尝试未知的新方法。这种心理安慰机制，即便在面临可能更为人文、环保的殡葬方式时，也可能因对变革的本能恐惧而造成犹豫不决。

此外，社会压力与期望亦在个体决策过程中发挥了重要作用。在多数地区，遵循传统的殡葬习俗不仅被视为对逝者的敬意，亦被认为是对家族与祖先的忠诚与尊重的表现。因此，个体即便倾向于选择更为环保或现代的殡葬方式，亦可能受到来自家庭与社会的压力，而不得不遵循传统殡葬方式。

鉴于这些深层次的文化与心理因素，我国殡葬行业在推动创新与变革的过程中，需采取更为细致与周全的策略。通过加强对公众的教育与引导，逐步促使社会公众理解并接纳新的殡葬观念。同时尊重并整合传统文化元素，创新殡葬实践，以实现在维护文化连续性的同时促进殡葬行业的可持续发展，更好地适应现代社会的需求。

### （三）技术障碍

随着科技进步的加速，殡葬行业正处于历史性的发展机遇期。生态葬、节地葬，以及智能化殡葬服务等创新概念和技术应用的涌现，为该行业未来的发展开辟了广阔的可能性。然而，在这一转型升级过程中，技术研发至实际应用的转化仍面临显著的挑战，这些挑战由资金投入、人才培养、技术标准设定以及文化适应性等多个方面共同构成。

首先，关于技术研发的资金与人才障碍。殡葬行业内的科技研究与开发项目往往需要较大的经济投入，而相较于其他领域，该行业在科研投资方面显得相对落后。资金的匮乏不仅限制了创新项目的启动与持续，也影响了技术革新的速度。同时，该行业亟须兼具传统殡葬文化理解与现代科技知识的复合型人才，以推动技术革新，但现有的教育与培训体系未能充分满足这一需求。

其次，技术应用面临的挑战涉及行业内缺乏统一的技术规范与标准，这不仅制约了新技术的广泛推广与应用，也阻碍了消费者对新技术的信赖与接纳，同时限制了行业内部的技术交流与合作。另外，高科技殡葬服务方式与传统殡葬文化之间的差异导致的"文化障碍"，使得部分创新技术难以得到社会大众的广泛认同。这种技术引进过程中的文化适应性问题，实质上是对传统观念和社会习俗的一种挑战。

最后，市场动力不足。在传统行业，尤其是殡葬行业，创新的市场驱动力往往不如其他高科技行业充足。消费者对殡葬服务的需求通常比较保守和固定，这限制了市场对新技术和服务的需求。同时，投资者可能也会因为预期的回报不明确或风险太高而犹豫投资于这一领域的创新项目。

## （四）监管机制不健全

在我国殡葬行业迅速发展的同时，监管体系的不完善亦逐渐暴露，成为制约行业健康发展的重要因素。当前的监管框架未能全面覆盖行业的多方面需求，导致行业内出现了一些不规范操作乃至违法行为，这些问题严重损害了殡葬服务的质量和行业的整体形象。

首先，监管难点与复杂性。我国殡葬行业面临的监管难题主要体现在法律法规的不足和执行难度上。现有的法律法规在数量上有限，在覆盖面和具体操作上存在诸多模糊地带，使得执法部门难以有效执行。我国《殡葬管理条例》迟迟得不到系统修订，无法完成以正式制度覆盖殡葬活动规范的任务，这就使非正式的殡葬服务制度在一定程度上替代了正式制度发挥作用。同时，执法力度不足、监管机构职能划分不明晰等问题，使得法律法规的执行面临更大挑战。缺乏有效的监督和管理，部分殡葬服务机构在追求利润最大化的过程中，采取不正当竞争手段，如低价竞争、虚假宣传等，损害了消费者的利益和阻碍了行业的长远发展。行业中还普遍存在价格欺诈、侵犯消费者隐私等违法行为，扰乱了市场秩序，侵蚀了社会的信任基础。

其次，监管与公众利益的关系。监管机制的不完善直接关系到消费者权益的保护和社会公平正义的实现。在当前监管不足的情况下，消费者在殡葬服务中不仅面临经济损失的风险，逝者的尊严和遗属的情感需求也难以得到充分尊重和保障，这与社会主义核心价值观和文明进步的要求背道而驰。

再次，多部门协调的缺失。殡葬行业的特殊性要求多个政府部门如卫生、环境保护、城乡规划、公安、文化等部门的密切协作。然而，在现实中，各部门之间往往缺乏有效的信息共享和协调机制，导致监管职责不明确、决策延迟，以及执法不一致等问题。这不仅降低了政府监管的效率和削弱了其权威性，也增加了殡葬服务机构的合规成本和风险。

最后，监管技术和人员培训不足。与其他行业相比，殡葬行业的特殊性意味着监管人员需要具备专业的行业知识和处理复杂问题的敏感性。但目前，许多监管人员缺乏必要的培训和对行业的深入了解，难以有效识别和处理复杂的行业问题。同时，缺乏先进的监管技术，如大数据分析、追踪和报告系统等，也使得监管部门难以及时发现和预防违规行为。

## 五、殡葬行业绿色市场协同创新发展的策略

在新时代背景下，随着生态文明建设的深入推进和社会责任感的不断增强，殡葬市场的创新发展已经迫切需要政府、殡葬服务机构和公众三方面的共同努力。这种合作不仅是实现殡葬行业绿色转型的基础，也是推动社会整体可持续发展的重要体现。政府在制定和执行相关政策法规、提供财政支持和政策引导方面发挥着不可替代的作用；殡葬服务企业作为绿色创新的实践主体，需要通过技术创新、服务模式改革等方式，提升服务质量，满足社会对绿色殡葬服务的需求；广大公众的参与和支持则是推动殡葬行业绿色发展的动力源泉，公众对绿色殡葬观念的认同和接受程度直接影响着绿色殡葬实践的效果。因此，构建一个协同合作的机制，促进政府、企业和公众在殡葬市场绿色创新发展中的有效互动，是实现殡葬行业

可持续发展的关键。

## （一）文化创新

殡葬行业作为承载着深厚文化底蕴的特殊领域，其协同创新需要深度融合文化元素，以提升服务品质和行业形象。在生命文化品牌建设过程中，需综合考虑自身文化资源、行业发展环境以及价值观念的变迁，从而实现文化创新与传承的有机结合。生命文化品牌的建设并非简单的标识和口号，而是涉及资源整合、文化传播以及对殡葬行业价值的重新认识。

1. 以生命文化资源的开发和利用为核心创建文化品牌

不同殡葬服务机构的历史、文化各具特色，作为其发展的象征和历史脉络的体现，也是打造丰富多彩的生命文化品牌的宝贵资源。在自然环境与社会历史发展多重因素的长期影响下，一些殡葬服务机构的历史文化积淀而成，并且具有内容和形式明显区别于其他殡葬服务机构的特殊性，基于殡葬服务机构特殊文化资源建构起来的生命文化品牌，才有可能获得一定的地位和社会公认度，并能够成为人们认知该殡葬服务机构的独有特征。例如，北京八宝山革命公墓，在历史的积淀下，就形成了其他殡葬服务机构无法比拟的红色文化体系。以生命文化为核心来进行文化品牌定位，分析殡葬服务机构的历史文化传统，了解殡葬服务机构的文化特色，把握其文化的主流脉络，通过文化特色统筹结合殡葬服务机构的自然资源、人文资源、政治资源和经济资源，形成殡葬服务机构的特色文化品牌体系。

2. 建立家风和生命文化的契合点

寻求公众殡葬需求与优秀家风、优秀生命文化之间的契合点，通过家风这个较为容易的切入点，让公众逐步接受并理解生命文化，促进公众认知优秀家风、生命文化与其生活、家庭成员的成长和互动之间的密切关系，从情感上接受并认同生命文化。例如，石家庄古中山陵园，在平山县的园区内设置了家风纪念馆，在石家庄市区开设了古中山陵园家风书院，收藏了千余本的家谱，并且为了让更多的人了解家风、传承家风，工作人员走进社区，进行家风宣传活动。通过这样的形式和活动，既让公众懂得了家风的重要作用，认识到优秀的家风文化会给整个家庭带来经济利益、精神力量和社会效益，又让公众理解并接受家文化和生命文化，从而了解殡葬行业，对殡葬活动重新认知。

### 3. 以品牌的核心价值为原则拓宽品牌传播途径

生命文化品牌传播是以生命文化的内涵和核心价值为原则，是传达生命文化品牌个性和内涵的方式，也是生命文化品牌价值观和影响力的重要组成部分。殡葬行业由于其特殊性，宣传的机会少，殡葬服务机构更需要通过各种途径和渠道宣传生命文化理念和自己的品牌。这样能通过与公众的有效沟通，营造良好的外部环境和舆论氛围，提高殡葬服务机构生命文化品牌建设在公众心目中的认可度、接受度和理解度。

（1）对内传播增强文化品牌凝聚力

生命文化品牌的对内传播，主要是品牌文化在品牌所属的殡葬服务机构内的传播。对内传播体现在殡葬服务机构对自身文化资源的探索、开发和整合之中，也寓于殡葬服务机构对自身文化品牌的宣传中，更体现于殡葬员工对生命文化的认知学习和文化活动的有序参与。对内传播有利于强化和清晰生命文化的认知，增强殡葬服务机构员工对生命文化重要性的认同感，对内形成强大的生命文化品牌凝聚力。

（2）对外传播扩展文化品牌影响力

生命文化对公众来说是一个陌生的概念，因此，殡葬服务机构应加大对外传播力度。通过有效的对外传播，能够使生命文化品牌为更多的殡葬消费者和社会公众所认知，不断提升生命文化品牌的知名度。另外，通过生命文化品牌的有效传播，减少公众对殡葬活动的恐惧和厌恶，从而推动生命文化品牌的发展。例如，通过举行一些家风讲座，出版一些纪念殡葬服务机构服务对象优秀家文化的书籍，可以找到生命文化宣传的切入点，让原本冰冷的行业充满人情味，变得温馨有温度。

### 4. 利用资源，通过文化旅游提高文化品牌知名度

一些殡葬服务机构在长期的历史沉淀下形成了自身独具特色的文化资

源，可以充分利用资源开展以生命文化为内涵的文化旅游，这是让公众了解殡葬行业，提升文化品牌知名度的有效手段。以北京为例，八宝山革命公墓、万安公墓等可以利用其得天独厚的资源条件，开展具有厚重的历史和人文内涵的文化旅游，使人们更直接地了解其文化内涵。以万安公墓为例，作为北京最早的现代型公墓，地处香山脚下，远望山犹龙腾，以其"李大钊精神"深厚的文化底蕴为内涵，集纪念、教育、宣传、游览于一体的红色旅游经典景区，是其文化品牌知名度提升的主要路径。

5. 通过论坛活动深化文化品牌内涵

开展以"家风""生命文化"为代表的文化论坛，让专家学者参与家风和生命文化的研究，为生命文化品牌的建设发声。同时，通过"文化-经济"的发展思路，使生命文化品牌效应日趋明显。通过最初的"家风""生命文化论坛"，向公众展示生命文化，让其了解中华优秀传统文化、诠释生命文化的内涵和功能，再到了解现代殡葬行业发展，逐渐消除对行业的偏见。通过论坛活动，进一步深化生命文化品牌内涵，提升生命文化品牌层次。

6. 丰富现代殡葬设施的生命文化内涵

当前殡葬设施的建设还存在内涵单调、缺乏规划等缺陷。这些缺陷如不尽早弥补，将不利于殡葬改革的深入和文化品牌的建设。丰富现代殡葬设施的生命文化内涵，从以下几个方面入手。

（1）理念的现代化

现代殡葬设施的建设和发展要确立多元化处理骨灰的方向，大力倡导不占或少占土地的方式；增强节约殡葬用地、保护环境、崇尚科学文明、依法管理经营、热情周到服务 5 个观念；突出园林化、艺术化、主体化、个性化 4 个特色。

（2）具有文化内涵

殡葬设施在设计和建造过程中，将生命文化理念根植其中，这将是对生命文化持久和无声的宣传。例如，石家庄古中山陵园建设姓氏墙，将姓氏的缘起寻根溯源，让公众理解传承的意义，深化了公墓的追忆属性。

（3）墓碑的个性化

墓碑的个性化是现代公墓的灵魂。创建具有个性特色的陵园文化是现代公墓建设的基础和保证。墓体的设计要有发展的眼光、超前的意识，高标准、高起点，尤其要创建设计新颖、有特色、有个性的墓体。千篇一律的墓体对人们是没有吸引力的。可结合当地的民俗风情与墓主人的生前爱好、职业特征等设计墓体。墓体的用材要严格按标准选用，技术要精益求精。这样，才能使每个墓体都成为有观赏价值的充分体现个性的艺术品。

（4）墓碑的艺术化

艺术化是现代公墓发展的趋势。对公墓进行艺术化改造，不仅可以提高公墓的档次、品位，也可以增加其文明内涵，不仅给人以愉悦、享受，还可以给后人留下宝贵的文化遗产。墓碑的造型是一种文化理念的外在表现。如对墓碑、碑座、碑文的字体、石材都要从艺术角度去衡量，使人感受到浓郁的文化艺术气息。因此，墓碑的设计要独具匠心，选材要真材实料，雕刻要精益求精，要充分体现艺术化特色。真正把陵园建成一部人类的文化史、艺术史，为人们提供更多的观赏和旅游景点，使陵园起到讲述历史、缅怀先辈、教育后代的作用。

## （二）内容创新

消费能力升级，殡葬服务需求更为多元化与个性化，服务质量成为行业发展重点。殡葬服务逐渐脱离传统基本模式，服务形式不断创新，受"百善孝为先"的儒家思想影响，对个性化殡葬服务的期望更高。在过去，殡葬服务通常只涉及"殡"和"葬"两个环节；而如今，随着社会观念的变迁，服务范畴已经从单一的"殡"和"葬"逐渐演变为包含"生、终、殡、葬、祭、传"等的全链条服务。这意味着人们在生前就开始关注殡葬事宜，通过提前规划和预约，为自己的身后事做出安排。这种全链条服务的出现，为人们提供了更多选择，使得殡葬服务更贴近个人需求和价值观。

1. 终前服务

（1）生前契约

延伸生命礼仪服务，"生前契约"模式开始萌芽。"生前契约"是一份生前预购往生服务的礼仪契约，即在生前为自己的身后事做好妥当的安排，免除自己及家人的"后顾之忧"，并且是以"契约"的形式实施。不仅可以让被保险人在生前设计逝世后的殡葬事宜，也可以固定未来殡葬开支金额，同时还允许被保险人分期支付保险金，可作为投资被转让。以美国为例。生前契约在美国有两种形式：信托和保险。目前保险是生前契约主要的模式，无论是美国最大的殡葬公司 SCI 集团还是殡仪馆，销售的生前契约大部分是通过保险形式发售的。生前契约最早诞生于 19 世纪的英国，早已成为发达国家家庭普遍的资产规划项目，于 20 世纪进入美国市场并在北美市场蓬勃发展至今。在国内，南京、上海、重庆和湖南等地也有推行。目前，殡葬服务价格浮动较大，标准有待规范，新模式的开启有助于行业价格和服务流程的公开透明。近几年，殡葬服务价格以年均 10%～15%的速度增长，提前支付殡葬服务费用可锁定价格。

（2）安宁疗护

安宁疗护作为终前服务的关键组成部分，旨在为患有绝症或临终老人提供更为温馨和舒适的环境。这项服务不仅涵盖医疗护理，更包括心理和精神的抚慰，旨在让患者在生命最后的时刻感受到无微不至的关怀和尊重。安宁疗护服务通常由专业的医护人员和心理咨询师组成的团队提供，根据患者的具体情况和需求，制订个性化的护理计划，为患者和家属提供全方位的支持和帮助。通过安宁疗护服务，不仅可以有效减轻患者和家属的身心负担，还可以为他们留下一段温馨而难忘的回忆。

安宁疗护服务的核心理念在于尊重和体贴患者的意愿和需求。在安宁疗护过程中，医护人员不仅提供专业的医疗护理，还会关注患者的心理状态，给予他们精神上的支持和安慰。为了更好地实现这一目标，安宁疗护团队还会通过细致入微的沟通和倾听，了解患者的情感和心理需求，从而为他们提供更贴心和个性化的护理服务。

除了医护人员的专业服务，安宁疗护团队还会积极协调和整合社会资源，为患者和家属提供全方位的支持和帮助。例如，安排心理咨询师为患者和家属提供心理疏导和情感支持，组织志愿者为他们提供陪伴和关爱，为他们营造一个温馨和宁静的生活环境。通过这种综合性的服务模式，安宁疗护团队能够最大限度地满足患者和家属的各种需求，帮助他们度过生命的最后阶段。

安宁疗护服务的推广和实施需要政府、医疗机构和社会组织的共同努力。政府可以通过出台相关政策和法规，支持和促进安宁疗护服务的发展和规范化；医疗机构可以加强对医护人员的培训，提高安宁疗护服务的质量和水平；社会组织可以积极参与安宁疗护服务，为患者和家属提供更多的支持和帮助。

2. 葬后服务

拓展葬后服务，打破殡葬服务一次性消费格局。目前，殡葬服务的商业模式主要集中在一次性消费上，客户在办理完葬礼后往往不再有进一步的需求，这导致了客户黏性几乎为零的情况。然而，随着社会的发展和人们对亲人的思念的不断延续，以"祭"为核心需求的葬后服务市场仍然具有巨大的潜力，等待被挖掘。这些服务包括祭祀服务、祭祀用品、网络纪念等，不仅能够延续客户对逝者的怀念，还能够满足客户对于尊重和纪念逝去亲人的情感需求。

葬后服务的潜力不仅仅局限于当前殡葬需求的客户群，而是潜在地覆盖了全中国家庭。因为无论在哪个地区，无论是城市还是农村，失去亲人的悲痛和对逝者的怀念都是普遍存在的。因此，拓展葬后服务的市场前景广阔，它不仅可以满足现有客户长期的需求，还能够吸引更多潜在的客户，为殡葬服务市场的开发带来了更广阔的空间和更丰富的可能性。

随着社会的不断进步和科技的不断发展，葬后服务形式也在不断创新和丰富。例如，"元宇宙"的应用，通过虚拟现实技术可以在其中创建各种虚拟环境和场景。在殡葬服务领域，创新者开始尝试利用元宇宙技术，为逝者和遗属打造虚拟的追思场所和纪念空间，使得人们可以在虚拟世界中共同追思和纪念逝去的亲人，跨越时间和空间的限制，实现追思活动的数字化和虚拟化。传统的祭祀方式已经逐渐演变成了线上祭祀，通过互联网技术进行云祭祀。这种虚拟的祭祀形式不受时间和地点的限制，让追思活动更加方便和便捷。遗属可以通过在线平台，设置虚拟的祭祀场所，邀请亲友远程参与追思活动，共同纪念逝去的亲人，为他们送上祝福和思念。生命晶石等个性化纪念品定制服务为客户提供了更加个性化和多样化的选择，使得殡葬服务不再是一次性的消费，而是一个持续性的服务体系，更好地满足了人们对于亲人的怀念和纪念之情。

## （三）技术创新

在当前数字化飞速发展和人工智能技术突破的新时代背景下，殡葬行业也正在迎来技术创新的春天。这一行业不仅是生命终结的服务者，更是人类文明和技术历史变迁的见证者。殡葬行业正在逐步成为人类数字文明建设的重要节点，承载着数字化、信息化的时代变革。

随着数字化进程的加速，传统的殡葬业正逐渐转变为高度数字化、信息化的行业，这是行业的本质性变革。新技术不仅涉及生命数据的保存和传承，更涉及人类情感、文化和价值观的传递。殡葬行业正在成为连接过去、现在和未来的桥梁，承载着逝者的记忆和情感，同时传递着生者的思考和期待。以互联网科技为引擎，现代殡葬业应巧妙地结合精神层面与物理层面，开创生命科技服务的全新篇章。

在技术创新方面，殡葬行业正在探索多种前沿技术的应用，以提升服务质量和客户体验。例如，利用虚拟现实和增强现实技术打造的一种全新的纪念形式——数字纪念馆等，人们可以通过电子设备参观逝者的纪念空间，重温逝者的生活和回忆。这种形式不仅节省了传统纪念馆的空间资源，还提供了更加个性化和便捷的纪念体验，为遗属和亲友提供了一个永恒的纪念场所。通过智能化的殡仪设备和虚拟墓园管理系统等技术，提升服务效率和质量，为客户提供更加便捷和舒适的服务体验。这种形式不仅提升了殡葬服务的专业水平，也提高了客户满意度，为行业的发展注入了新的活力和动力。在不断迭代更新的科技潮流中，殡葬行业不断探索前沿技术的应用，以适应社会的发展和人们对于殡葬服务的不断变化的需求。这些技术创新不仅推动了行业的进步，也为人们提供了更加便捷、个性化的殡葬服务，为生命的终点赋予了更多尊严和温馨。

### （四）平台创新

殡葬创新平台的构建对于行业的可持续发展至关重要。作为连接行业内外各方的纽带，这样的平台不仅能够促进信息交流和资源共享，更能够激发创新活力，推动行业技术和服务水平的不断提升。通过信息共享和交流，不同地区的殡葬服务机构能够了解到行业的最新发展动态和先进技术，从而增强行业整体的竞争力和适应能力。同时，平台还能为行业提供一个集思广益、共同研讨的平台，推动行业内部的技术创新和服务改进。增强行业的凝聚力和向心力，推动整个行业朝着更加健康、可持续的方向发展。

在建立创新平台方面，殡葬行业需要着力打造开放性的创新生态系统，构建一个促进产业联盟合作发展的良好平台。这样的平台应该具备高效的信息传递和交流功能，为行业内外的不同参与者提供一个共同合作的空间。通过建立全面的信息共享机制，行业内的殡葬服务机构、研究机构和社会组织可以及时获取最新的市场动态和技术趋势，更好地把握行业发展的脉搏。

创新平台的建设还应重点突出产学研合作的重要性，鼓励不同殡葬服务机构与研究机构之间的深度合作与交流。通过联合举办研讨会、技术培训等活动，促进理论研究与实践经验的有效结合，提高整个行业的技术水平和服务质量。此外，平台还应提供创新项目孵化和资金支持等服务，为具有发展潜力的创新项目提供有力的支持和保障，推动行业技术和服务的不断创新升级。

此外，创新平台的建设也需要注重建立一套完善的评估机制和激励机制，充分激发行业内外各方参与创新的热情和积极性。通过设立奖励机制和荣誉评选等活动，鼓励行业内的先进殡葬服务机构和个人在技术创新和服务改善方面作出突出贡献，增强整个行业的创新活力和竞争力。只有建立起一个全面、开放、公平的创新平台，才能真正促进行业技术和服务的持续创新，推动殡葬行业的健康可持续发展。

## （五）人才创新

生命文化教育是一项具有重大社会意义和深远历史内涵的教育实践活动。它不仅关乎个体生命历程的认知建构，更涉及生命文化传承与生命价值观念的塑造。殡葬业作为生命文化教育的重要载体，肩负着传递生命教育理念、弘扬生命文化内涵的使命。然而，在生命文化教育视域下审视当前殡葬业人才队伍建设，仍存在专业化程度不高、发展动力不足、社会认同感缺失等问题。新时代推进殡葬业高质量发展，必须立足于生命文化教育实践需要，着力破除制约殡葬业人才创新的体制机制障碍，为生命文化教育注入新动能，为殡葬业的可持续发展凝聚新动力。

### 1. 生命文化教育

生命文化教育蕴含着丰富的哲学内涵和鲜明的实践导向。它以个体生命历程为主线，以死亡认知为核心，旨在唤醒个体生命意识，引导其构建积极的生命态度，形成良性的生命文化。从哲学维度看，生命文化教育彰显出生与死的辩证法思维，体现了个体生命历程与社会文化传承的内在契合。

从实践导向上看，生命文化教育关注现实生活情境，强调生命教育与生命价值引导的有机结合。一方面，它立足个体生命体验，引导其客观认知死亡，正视死亡带来的情感冲击，化解死亡焦虑，构建积极的生命态度；另一方面，它立足生命文化传承需求，致力于在全社会营造正面、理性的生命文化氛围，传播文明、进步的生命文化观念。由此，生命文化教育实现了个体生命价值引导与社会死亡文化建设的有机统一，彰显出鲜明的现实关怀意蕴。

生命文化教育以唤起个体死亡意识为起点，以塑造良性社会死亡文化为归宿，体现了鲜明的哲学思辨品格和强烈的现实关怀意识。在当前社会转型加剧、价值观念多元化的大背景下，深入推进生命文化教育，对于引导个体形成积极生命态度、传承社会主义核心价值观念，具有重要意义。

2. 生命文化教育与殡葬业人才创新的互动

生命文化教育与殡葬业人才创新，作为生命文化教育实践与殡葬服务供给的两大维度，虽各具特色、侧重有异，但在本质内涵和价值追求上却高度契合。探究二者关系，对于推进生命文化教育向纵深发展、引领殡葬业人才创新驶入快车道，具有重要的理论意义和实践价值。

从本质内涵来看，生命文化教育与殡葬业人才创新同根同源、一脉相承。生命文化教育以唤醒个体死亡意识、传承优秀生命文化为己任，力图在个体生命观念、社会文化建设等层面实现突破。而殡葬业人才创新则以殡葬服务为业，直面死亡带给个体和社会的困扰，致力于在殡葬服务专业化、人性化、精细化等方面取得新突破。二者分别从死亡观念引导和实践服务两个维度，共同指向生与死的永恒命题。生命文化教育唤起个体生命意识的觉醒，为殡葬服务注入了深层的生命哲学意蕴；而殡葬业对生命服务专业化、人性化水平的不懈追求，又为生命文化教育实践提供了丰富的生动素材。

从价值追求来看，生命文化教育与殡葬业人才创新在落脚点上亦有高度一致性，皆指向生命尊严的终极诉求。随着人口老龄化加剧、殡葬观念日益多元，死亡焦虑在现代社会不断弥散，如何让生命有尊严地离去，成为摆在生命文化教育和殡葬服务面前的紧迫课题。生命文化教育通过引导个体直面死亡、反思生命，在死亡必然性认知中实现对生命意义的顿悟，进而以平和坦然的心态面对死亡，维系有尊严、体面地离开。殡葬业立足其专业优势和实践场域，通过提供个性化、人性化的殡葬服务，最大限度保障逝者的尊严，并为生者提供心理慰藉、情感抚慰，让生命文化教育理念在临终关怀、哀悼辅导等殡葬服务中熠熠闪光。可以说，尊严是生命存在的应然底色，也是殡葬服务的应尽义务，生命文化教育和殡葬业人才创新在此找到了精神契合点，由此结成荣辱与共、休戚相关的命运共同体。

综上所述，生命文化教育与殡葬业人才创新，在本质内涵、价值追求等方面高度契合，呈现出目标同向、逻辑递进的关系图景。在新的历史条件下，深度挖掘和阐发二者融合发展的时代价值，对于拓展生命教育实践领域、催生殡葬业发展新动能，推动形成全社会尊重生命、珍惜生命的文明新风尚，具有十分重要的意义。随着人口老龄化日益加剧、社会转型期价值多元重组，"如何面对衰老和死亡""如何让死亡充满尊严"等生命伦理问题日益彰显。为此，必须以生命文化教育为引领，在殡葬服务领域持续发力，在观念塑造、文化培育、制度供给等方面形成合力，推动殡葬观念革新与殡葬服务创新相互赋能、良性互动，进而在全社会树立起文明、科学、进步的生命观。面向未来，探究生命文化教育与殡葬业人才创新的关系及其实践路径，既是学理研究的题中应有之义，更是推动生命教育与殡葬事业协同发展的现实需求。唯其如此，方能为构建高质量教育体系、高品质殡葬服务体系提供持久动力，让每个生命个体都能有尊严地离开，让每个逝者都能在充满温度的殡葬服务中安息。

3. 生命文化教育视角下殡葬业人才创新的路径

殡葬业是生命教育的重要实践领域，而生命文化教育是引领殡葬业创新发展的重要思想资源。二者相辅相成、互促共进。新时代深化生命文化教育、激发殡葬业人才创新活力，需要遵循教育与实践相结合的基本原则，着眼体制机制创新，着力营造良好的制度环境和社会氛围。

（1）深化殡葬专业教育改革，为生命文化教育实践培育新生力量

要从生命文化教育的哲学高度审视人才培养目标，树立生命文化育人理念。在"专业化、实用化"人才培养定位基础上，进一步彰显生命文化内涵，把"唤起生命意识、传承生命文化、塑造积极人生态度"作为人才培养的重要遵循，贯穿于知识传授、能力培养、素质提升全过程。要立足殡葬服务需求，优化调整专业人才培养方案，加大实践教学比重，培养学生在真实情境中运用专业知识、解决实际问题的能力。探索产教融合、校企合作等多元化办学模式，推动行业企业深度参与人才培养全过程。加强教材建设，编

写具有时代气息的、适应行业发展需求的教材。同时，鼓励支持院校面向在职从业人员开展继续教育，提升殡葬从业人员的整体素质。

（2）健全殡葬从业人员职业发展通道，激发从业人员创新实践活力

殡葬从业人员是生命文化教育理念的践行者、殡葬业创新发展的主力军。然而，当前殡葬从业人员职业发展通道狭窄、创新动力不足等问题仍较为突出，制约着殡葬业的创新发展。新时代深入推进殡葬业人才创新，必须立足生命文化教育视角，着力健全从业人员职业发展通道，在制度设计、环境营造等方面多管齐下，充分激发从业人员投身创新实践的内生动力。

（3）生命文化教育融入殡葬专业课程体系

生命文化教育与殡葬学历教育在根本宗旨上具有内在契合性。二者相互借鉴、交叉融合，对于丰富殡葬教育内涵、创新人才培养模式、提升教育教学质量具有积极意义。新时代将生命文化教育融入殡葬学历教育课程体系，需要把握生命文化教育与殡葬教育的内在联系，遵循学科建设规律，在优化课程设置、革新教学内容、创新教学形式等方面下功夫。

4. 优化社会生命文化环境，增强殡葬从业人员使命感

生命文化教育不仅关乎生命意识的觉醒，更关乎生命文化生态的优化。殡葬业作为生命文化教育的现实载体，其发展状况深受社会文化环境的影响。而殡葬从业人员的职业认同感、获得感，又与社会各界对殡葬工作的态度息息相关。新时代深化生命文化教育，激发殡葬从业人员创新实践活力，必须着眼于生命文化生态这一宏观语境，着力优化社会文化环境，在政策引导、典型宣传、交流互动等方面多管齐下，最大限度地增强殡葬从业者的社会认同感、使命感，推动殡葬事业高质量发展。

总之，生命文化教育与殡葬业人才创新是相辅相成、互促共进的。深化生命文化教育，可以为殡葬业创新发展提供重要的人才资源和智力支持。反之，殡葬业的创新发展，又为生命文化教育实践提供了广阔舞台。新时代深入推进殡葬业可持续发展，必须立足生命文化教育理念，在深化人才培养模式改革、健全人才发展通道、优化社会文化环境等方面持续发力，为生命文化教育注入新内涵，为殡葬业高质量发展增添新动能。

# 结　论

殡葬行业在绿色市场方面的发展，体现了当前社会对生态文明建设重视程度的提升和殡葬行业改革的深化，尽管取得了一定的进展，如公众环保意识的增强、绿色殡葬消费模式逐步被接受等，但面临的挑战依然严峻。绿色需求的不足、服务机构的观念滞后、宣传力度的不够、创新能力的缺失，以及政府支持力度的不够，共同构成了阻碍殡葬行业绿色发展的复杂局面。针对这些问题，本书深入探讨了在当前社会背景下，特别是以北京市为例，殡葬行业绿色市场的现状、面临的挑战以及发展机遇。通过全面分析绿色殡葬消费、营销策略、收费政策以及市场协同创新的各个方面，提出一套以政府、殡葬服务机构、消费者为主体协同治理的策略，旨在打破传统束缚，为殡葬行业的绿色转型提供理论指导和实践路径，促进殡葬行业的绿色、可持续发展。

在深化生态文明建设和推进绿色发展战略的大背景下，殡葬行业的绿色转型成为促进社会可持续发展的重要一环。这一转型的成功实施，依赖于公众环保意识的增强、绿色营销战略的有效执行以及政策体系的完善支持，体现了政府、殡葬服务机构和消费者三方面的共同努力。首先，增强公众的环保意识和绿色消费能力是实现绿色殡葬的基础。通过教育和宣传，加强公众对于绿色殡葬重要性的理解，能够有效促进消费者对绿色殡葬服务的认可和选择。这不仅需要政府和相关机构通过多渠道、多平台开展形式多样的宣传教育活动，更需要在学校、社区等基层单位深化环保教育，将绿色殡葬理念融入公众日常生活，培养公众形成健康、理性的消费观念。其次，实施绿色营销战略是推动殡葬行业绿色转型的关键。政府应当通过政策引导和财政补贴等手段，激励殡葬服务机构采取绿色营销策略，如采用生态友好的材料、提供节地生态葬法等，同时加强对消费者的绿色引导。殡葬服务机构在实施绿色营销策略时，需要深入研究消费者需求，开发符合环保要求的产品和服务，通过正确的市场定位和有效的沟通手段，提高公众对绿色殡葬服务的认知度和接受度。最后，规范殡葬收费和价格体系对于绿色殡葬的推广至关重要。合理的收费政策不仅能够保障殡葬服务质量，更是鼓励公众选择绿色殡葬服务的重要手段。政府应当建立和完善殡葬服务的收费和监管机制，确保收费公正合理，避免过高的费用成为公众选择绿色殡葬服务和产品的障碍。综上所述，绿色殡葬的推广和实施是一个复杂的系统工程，不仅需要政府在政策、财政等方面的有力支持，殡葬服务机构的积极变革，也离不开公众环保意识的增强和积极参与。只有政府、殡葬服务机构、消费者三方面协同合作，通过持续的努力和创新，才能有效推动殡葬行业的绿色转型，构建资源节约型、环境友好型的社会，为我国生态文明建设和可持续发展战略目标的实现作出重要贡献。这一过程不仅要求殡葬行业内部的技术创新和服务改进，更需要社会各界对绿色殡葬理念的深入理解和广泛支持，共同促进殡葬服务与社会发展、环境保护的和谐共进。

殡葬行业的绿色转型是实现社会可持续发展战略的重要组成部分，它要求我们在深刻理解生命文化内核的基础上，勇于创新，不断探索适应现代社会发展需求的殡葬新模式。这一转型过程中，需要政府在政策引导、法规制定等方面提供坚实的外部条件；需要殡葬服务机构积极拥抱变革，通过引进绿色技术、优化服务流程等方式提升服务质量和效率；更需要社会公众的广泛参与和支持，形成对绿色殡葬文化的广泛认同和实践。

展望未来，殡葬行业的绿色发展道路依然漫长且充满挑战。这不仅需要不断深化对殡葬行业绿色转型的理论研究，更需要将这些研究成果转化为实践行动的勇气和智慧。期待通过本书的出版，能够引起社会各界对殡葬行业绿色发展的更多关注，激发更多的创新思维和实践探索，共同推动殡葬行业实现更加绿色、可持续的发展，为建设生态文明社会贡献殡葬行业的力量。

# 参 考 文 献

[1] 万后芬. 绿色营销 [M]. 北京：高等教育出版社，2001.

[2] 李弘，董大海. 市场营销学（第二版）[M]. 大连：大连理工大学出版社，1998.

[3] 张兵生. 绿色经济学探索 [M]. 北京：中国环境科学出版社，2005.

[4] 郭国庆. 市场营销学通论 [M]. 北京：中国人民大学出版社，2009.

[5] 中国商业经济学会，商务部流通产业促进中心，首都流通业研究基地. 绿色商业发展战略研究 [M]. 成都：西南交通大学出版社，2008.

[6] 李本辉，章怀云，邓德胜，等. 生态营销 [M]. 北京：中国经济出版社，2009.

[7] 徐大佑. 绿色营销模式演进与绿色经济发展：基于贵州市场的实证研究 [M]. 北京：科学出版社，2011.

[8] 朱勇，李伯森. 中国殡葬事业发展报告（2011）[M]. 北京：社会科学文献出版社，2011.

[9] 徐国保. 绿色经济的崛起 [M]. 南京：东南大学出版社，2011.

[10] 张小刚. 绿色经济与城市群可持续发展的理论与实践 [M]. 湘潭：湘潭大学出版社，2011.

[11] 刘敏，牟俊山. 绿色消费与绿色营销 [M]. 北京：清华大学出版社，2012.

[12] 杨朝飞，里杰兰德. 中国绿色经济发展机制和政策创新研究综合报告 [M]. 北京：中国环境科学出版社，2012.

[13] 张春霞. 绿色经济发展研究 [M]. 北京：中国林业出版社，2012.

[14] 李晓西，胡必亮. 中国：绿色经济与可持续发展 [M]. 北京：人民

出版社，2012.

[15] 李伯森，肖成龙．中国殡葬事业发展报告（2012—2013）［M］．北京：社会科学文献出版社，2013.

[16] 刘克苏．知识经济［M］．北京：人民文学出版社，2002.

[17] 林白鹏，臧旭恒．消费经济学大辞典［M］．北京：经济科学出版社，2000.

[18] 毕提．绿色营销［M］．三上富三郎，译．东京：同友馆，1993：117.

[19] 唐锡阳，马霞．环球绿色行［M］．桂林：漓江出版社，1993.

[20] 李伯森，肖成龙．中国殡葬事业发展报告（2014—2015）［M］．北京：社会科学文献出版社，2015.

[21] 仇立．绿色消费行为研究［M］．天津：南开大学出版社，2013.

[22] 鲁虹．基于文化创新的上海居民殡葬消费结构优化研究［J］．消费经济，2012（4）：57-60.

[23] 曾晨，林于良．绿色殡葬与生态公民养成研究［J］．生态经济，2016（11）.

[24] 于惊涛，张艳鹤．中国绿色增长评价指标体系的构建与实证研究［J］．工业技术经济，2016（3）：109-117.

[25] 李燕华，丁向育．低碳视域下的不良丧葬消费剖析［J］．郑州轻工业学院学报（社会科学版），2012（3）：91-93.

[26] 马瑞婧．中国城市消费者绿色消费行为的影响因素研究［M］．北京：中国社会科学出版社，2011.

[27] 丁元浩．试论绿色消费文化的形态体系［J］．商业营销，2010（3）：172-173.

[28] 王淑新，何元庆，王学定，等．低碳经济时代中国消费模式的转型［J］．软科学，2010（7）：54-57.

[29] 柳彦君．浅析我国绿色消费存在的问题及发展绿色消费的对策［J］．商业研究，2005（2）：161-163.

[30] 周立华．生态经济与生态经济学［J］．自然杂志，2004（4）：

238-242.

[31] 李红卫. 生态文明：人类文明发展的必由之路［J］. 社会主义研究，2004（6）：114-116.

[32] 阎俊. 影响绿色消费者消费行为的因素分析及其营销启示［J］. 北京工商大学学报（社会科学版），2003（2）：56-58.

[33] 齐桂珍. 应进一步加强对公共产品的价格监管［J］. 中国物价，2014（9）：39-40.

[34] 顾维. 殡葬行业行政性垄断探析［J］. 哈尔滨学院学报，2015（3）：65-68.

[35] 易爱军，杨佃春，王敬昌. 政府与社会资本合作模式下的公共物品价格形成机制与监管问题研究：以城市公共交通为例［J］. 淮海工学院学报（人文社会科学版），2015（8）：86-89.

[36] 岳昕巍. 浅析北京市公共交通补贴政策［J］. 经营管理者，2016（4）：155.

[37] 万代君. 殡葬经济实证研究及殡葬改革建议［J］. 现代商贸工业，2016（6）：76-77.

[38] 王德胜，黄贤月. 开展殡葬业专项检查 规范丧葬服务收费［J］. 中国价格监管与反垄断，2018（10）.

[39] 伍展宏. 殡葬行业"高消费"现象的经济学分析［J］. 中国市场，2019（5）.

[40] ROSTAMZADEH R，GOVINDAN K，ESMAEILI A. Application of fuzzy VIKOR for evaluation of green supply chain management practices［J］. Ecological indicators，2015（49）：188-203.

[41] WINFIELD M，DOLTER B. Energy, economic and environmental discourses and their policy impact: the case of Ontario's Green Energy and Green Economy Act［J］. Energy policy，2014（68）：423-435.

[42] XIE G. Modeling decision processes of a green supply chain with regulation on energy saving level［J］. Computers & operations research，2015

(54)：266-273.

[43] BIN S, DOWLATABADI H. Consumer lifestyle approach to US energy use and the related $CO_2$ emissions [J]. Energy policy, 2005, 33 (2)：197-208.

[44] VAVE R, BURNETT K M, FRIEDLANDER A M. Balancing culture and survival：an urban-rural socioeconomic assessment of indigenous Fijian funerals in Fiji [J]. World development sustainability, 2023 (2)：100063.

[45] BANKS D A. The economics of death? A descriptive study of the impact of funeral and cremation costs on U.S. households [J]. Death studies, 1998, 22 (3)：269-285.

[46] DOWD Q L. Funeral management and costs：a world-survey of burial and cremation [M]. Chicago：The University of Chicago Press, 1921.

[47] BECKER C B, TANIYAMA Y, KONDO-ARITA M, et al. How grief, funerals, and poverty affect bereaved health, productivity, and medical dependence in Japan [J]. OMEGA - Journal of death and dying, 2022, 85 (3)：669-689.

附　录

**附件1**

# 北京市殡葬行业绿色营销情况调查问卷

　　您好，此份问卷目的在于研究殡葬行业健康可持续发展问题，您的答案仅作为学术研究之用，您可以放心填写，所填写内容不会对外部泄露。十分感谢您在百忙之中抽出时间完成此份问卷，在此衷心地感谢您的合作。

**第一部分：个人基本信息（请在符合的一项前面打"√"）**

1. 性别：□女　　　□男
2. 户口：□农村　　　□城镇
3. 民族：□汉族　　　□少数民族＿＿＿＿
4. 年龄：＿＿＿＿
5. 学历：
　　□高中以下　□高中　□大专　□本科　□硕士及以上
6. 宗教信仰：
　　□无　□佛教　□基督教　□伊斯兰教　□其他＿＿＿＿
7. 您的工作性质：
　　□殡葬行业管理人员　□殡仪馆工作人员　□陵园墓地工作人员
　　□殡仪服务公司工作人员　□殡葬消费者
8. 从事殡葬行业工作的年限（殡葬行业管理人员和殡葬工作人员请回答）：
　　□2年以下　□2~4年（含2年）　□4~6年（含4年）　□6年以上（含6年）
9. 您的家庭年收入大概为：
　　□5万元以下　□5万~10万元（含5万元）　□10万~20万元（含10万元）　□20万~30万元（含20万元）　□30万元以上（含30万元）

**第二部分：殡葬行业绿色消费与绿色营销（请在符合的一项前面打"√"）**

1. 您关注过自己的消费行为对环境造成的影响吗？

　　□经常　　□很少　　□从不

2. 您认为目前殡葬行业绿色产品或服务的种类：

　　□几乎没有　□较少　□适中　□较多

3. 在购买殡葬用品时，您会积极主动选择绿色殡葬产品和服务吗？

　　□会　□不会　□不会，但营销人员推荐后会考虑购买

4. 您认为目前绿色殡葬产品和服务的价格：

　　□远高于普通殡葬产品和服务　□远低于普通殡葬产品和服务

　　□和普通殡葬产品和服务的价位相近

5. 您认为现在殡葬行业对绿色产品或服务主要采用以下哪种形式进行宣传？

　　□报纸、传单、海报等纸质广告　□电视广告　□网络媒体

　　□人员促销　□举办主题活动　□其他_____

6. 您会在哪里购买殡葬用品？

　　□殡仪馆、墓地的殡葬用品销售处　□街边的殡葬用品商店

　　□网络购物　□其他_____

7. 您购买殡葬产品或服务时主要考虑以下哪个因素？

　　□价格　□产品或服务的质量　□有面子　□能表达对逝者的缅怀之情

8. 祭奠先人时，如果殡葬服务机构正在举办"鲜花换烧纸"绿色殡葬活动，您会怎样做？

　　□非常愿意参加

　　□本来不想参加，听工作人员劝导后可以参加

　　□参不参加都行

　　□还是喜欢传统的祭奠形式，不愿意参加

9. 您认为提升绿色殡葬消费意识最有效的方法是：（可多选）

　　□调整殡葬市场产品结构

　□建立健全相关的政策法规

　□加大绿色殡葬宣传力度

　□加强绿色殡葬消费知识的教育

　□增强殡葬服务机构绿色服务意识

　□其他_____

10. 您认为，人们没有选择树（花坛、草坪）葬或骨灰撒海的主要原因是：
　（可多选）

　□不知道存在这种丧葬形式

　□以前很少这么做

　□价格不合理

　□怕被认为不孝

　□配套服务落后

　□其他原因_____

**第三部分：殡葬行业可持续发展与绿色营销（请在符合的一项前面打
"√"）**

1. 您同意殡葬行业绿色营销的理念：

　□完全同意　□基本同意　□不置可否　□基本反对　□完全反对

2. 您认为殡葬行业的可持续发展和绿色营销之间：

　□有很大关系　□有一些关系　□没有关系

3. 您认为阻碍殡葬行业可持续发展的因素是：

　□污染环境

　□服务价格偏高

　□占用土地资源

　□现行管理体制很难适应市场经济发展的现状

4. 您认为殡葬服务机构应采用以下哪种形式推行绿色营销的理念？（可以
　多选）

　□应该尽量减少污染气体的排放

☐应该尽量减少对土地资源的占用

☐应该尽量开发设计绿色环保的产品

☐应该尽量推广现代化殡葬服务项目

☐其他＿＿＿＿＿＿＿

5. 您认为影响殡葬行业绿色营销推广的主要阻碍因素是：

☐政府监管力度弱

☐群众绿色消费意识薄弱

☐殡葬从业人员素质较低

☐现行法律法规不完善

☐科技创新较少

☐其他＿＿＿＿＿＿＿

6. 政府在殡葬行业绿色营销推广中应该起积极作用：

☐完全同意　☐基本同意　☐不置可否　☐基本反对　☐完全反对

7. 最后，请您谈谈您对殡葬行业推广绿色营销的意见或建议。

＿＿＿＿＿＿＿＿＿＿＿＿＿＿＿＿＿＿＿＿＿＿＿＿＿＿＿＿＿＿＿＿＿＿

附件2

# 北京市殡葬行业绿色消费情况调查

**第一部分：个人基本信息（请在符合的一项前面打"√"）**

| 性别 | | 民族 | □汉族　　□少数民族 |
|---|---|---|---|
| 是否为常住人口 | □是　□否 | 年龄 | |
| 文化程度 | □小学　□中学　□高中　□大专　□本科及以上　□其他 | | |
| 宗教信仰 | □无　□佛教　□基督教　□伊斯兰教　□其他 | | |
| 职业 | □殡葬行业管理人员　□殡仪馆工作人员　□陵园墓地工作人员<br>□殡仪服务公司工作人员　□殡葬消费者　□殡葬教育从业者 | | |
| 从事殡葬行业工作的年限（殡葬行业管理人员和殡葬工作人员请回答） | □2年以下　□2~4年（含2年）<br>□4~6年（含4年）<br>□6年以上（含6年） | | |
| 家庭年收入 | □5万元以下　□5万~15万元（含5万元）<br>□15万~25万元（含15万元）<br>□25万~35万元（含25万元）<br>□35万元以上（含35万元） | | |

**第二部分：请您在认为符合的一项前面打"√"**

1. 您是否认同"入土为安"的观念？

　　□是　　　□否

2. 您认为当前殡葬消费金额：

　　□很高　□比较高　□适中　□比较低　□很低

3. 您认为目前殡葬行业绿色产品或服务的种类：

　　□几乎没有　□较少　□适中　□较多

4. 在您的印象中绿色殡葬产品或服务与传统殡葬产品或服务的最大区别：

□更现代化

□更环保

□更温馨

□更能满足个性化需求

□没什么区别

5. 影响您购买殡葬产品或服务的最主要因素是什么？

□价格　　□产品或服务的质量　　□购买场所　　□其他

6. 您认为绿色殡葬产品或服务比传统殡葬产品或服务价格高多少，您比较容易接受？

□50%以下　　　□50%～100%

□100%～200% □200%以上

7. 您会在哪里购买殡葬用品？

□殡仪馆、墓地的殡葬用品销售处　　□街边的殡葬用品商店

□网络购物　　□其他

8. 影响您选择殡葬产品或服务的购买场所的最重要理由：

□质量有保证　　□价格合理　　□方便省时　　□品种多样

9. 您认为绿色殡葬仪式会比传统殡葬仪式更繁复吗？

□同意　　□中立　　□不同意

10. 您认为绿色殡葬仪式难以推广的原因是什么？

□封建迷信思想影响

□政府没有大力宣传

□政府缺少鼓励政策

□殡葬改革只停留于表面，并没有深入

11. 数年前，我国港澳台地区开始流行"生前契约"，即生者为自己准备"身后事"，去世后由殡葬服务机构按照合同提供服务，您对"生前契约"这一方式的接受程度？

□完全不接受

　　□勉强接受

　　□较能接受

　　□完全接受

12. 您认为如何更好地促进绿色殡葬消费的推广和发展？

　　□加强市场监管

　　□加大政策支持力度

　　□加快技术创新与改造

　　□普及绿色消费观念

　　□其他

13. 您愿意接受以下哪种殡葬方式？

　　□传统墓葬　　□骨灰墙、骨灰塔　　□树葬　　□花坛葬　　□海葬　　□散撒绿地

14. 您认为不保留骨灰的殡葬方式哪种更环保？

　　□骨灰墙、骨灰塔　　□树葬　　□花坛葬　　□海葬　　□散撒绿地

15. 清明节是传统的殡葬节日，您将选择哪种祭奠方式？

　　□现场祭奠　　□就近祭奠　　□网上祭奠　　□请殡葬服务机构代替祭奠

**第三部分：以下每一陈述有"非常同意""同意""不一定""不同意""非常不同意"5 种回答，分别记为 5、4、3、2、1，请您在认为符合的选项上打"√"**

| 编号 | 问题陈述 | 非常不同意—非常同意 | | | | |
|------|----------|------|------|------|------|------|
| 生态文明认知 | | | | | | |
| Q1 | 知道生态文明的含义 | [1] | [2] | [3] | [4] | [5] |
| Q2 | 生态文明与环境保护有关系 | [1] | [2] | [3] | [4] | [5] |
| Q3 | 生态文明与行业可持续发展有关系 | [1] | [2] | [3] | [4] | [5] |
| Q4 | 生态文明与自身利益有关系 | [1] | [2] | [3] | [4] | [5] |

续表

| 编号 | 问题陈述 | 非常不同意—非常同意 | | | | |
|------|----------|------|------|------|------|------|
| 绿色殡葬消费态度 | | | | | | |
| Q5 | 认为绿色殡葬消费是每个公民应尽的义务 | [1] | [2] | [3] | [4] | [5] |
| Q6 | 绿色殡葬消费，有利于殡葬行业的可持续发展 | [1] | [2] | [3] | [4] | [5] |
| Q7 | 您会向亲友建议采用绿色殡葬消费模式 | [1] | [2] | [3] | [4] | [5] |
| Q8 | 在选择殡葬消费模式时，会考虑对环境的影响 | [1] | [2] | [3] | [4] | [5] |
| 绿色殡葬消费行为 | | | | | | |
| Q9 | 在选择殡葬消费模式时，会比较传统与绿色模式 | [1] | [2] | [3] | [4] | [5] |
| Q10 | 会接受草坪葬、海葬、树葬等新型的安葬形式 | [1] | [2] | [3] | [4] | [5] |
| Q11 | 与传统产品或服务相比，会优先购买绿色殡葬产品或服务 | [1] | [2] | [3] | [4] | [5] |
| Q12 | 在购买殡葬产品时，愿意为绿色殡葬产品支付较高的价格 | [1] | [2] | [3] | [4] | [5] |